I0702209

# LUNA DE LÁGRIMAS

## GONZALO PÉREZ S.

LUNA DE LÁGRIMAS

No hace falta ser hermano para sentirte como tal. Cuñado, amigo, confidente, referente...
Gracias por todo
Ricardo García Martín
DEP
Madrid, 16 de mayo de 1949-17 de septiembre de 2023

En memoria de las 66 personas de Santa Cruz de Mudela, Ciudad Real, fusiladas por los franquistas tras la finalización de la guerra civil. Entre ese número había seis mujeres. Las edades de los represaliados, según archivos históricos, van desde 45 años, el mayor, hasta 21, el menor. Juan José Sánchez Ramírez es el protagonista de la historia.

## PARA QUE SUS NOMBRES NO SE OLVIDEN

| | | | | | |
|---|---|---|---|---|---|
| Segundo Acero García | Juan José Carrasco del Amo | Manuel Corredor del Fresno | Francisco Fernández Trujillo | Osorio Guzmán Real | Celedonio Laguna Velasco |
| Ramón Amaro Fernández | José Castellanos del Amo | Gabriel Córdoba Ruiz | Juan A. Fernández Trujillo | Antonio Laguna Delgado | Manuel López Sánchez |
| Fernando Arenas Atiencia | Leopoldo Castro Montañes | Rosario Delgado Castro | Isidoro García Muñoz | Antonio Laguna García | Mercedes Martínez del Amo |
| Casto Atalaya Cazalla | Benito Castro Pardo | Tomás Delgado Ramiro | Juan de Dios Gavilán Nuño | Melitón Laguna García | Ángel Martínez del Amo |
| Santiago Barba Incerti | Claudio Cobos Sánchez | Paz Doctor del Fresno | Pedro Ignacio González Núñez | Amalio Laguna Laguna | Claudio Marín Delgado |
| Higinio Bellón Rodríguez | Salvador Cobos Valverde | Agustín Escoz Molina | Enrique Granados de la Rubia | Mauro Laguna Laguna | Juan Antonio Marín Sánchez |
| Amalio Bravo Téllez | Antonio Corrales Muñoz | Juan M. Fernández Colorado | Vicente Megal Nuño | Ángel Monsálvez Gracia | Alipio Núñez de la Cruz |
| Manuel Ramiro Maestro | José Antonio Ramírez Delgado | Filomena Ramírez García | Ángel Ramírez García | Antonio Ramírez Rodero | Ángel Ramírez Valverde |
| León Rodero Delgado | Enrique Rodero Gavilán | Pedro Rodríguez Mañas | Juan A. Serrano Gómez-Pastrana | José Sevilla Rodríguez | Ramón Soriano Garrigos |
| Fernando Sánchez García | Camilo Sánchez Nieto | Dionisio Sánchez Olaya | Juan José Sánchez Ramírez | Antonio Tapiador Megías | Trafima Esperanza Tapiador Megías |
| Tomás Troya Ayuso | Alfonso Trujillo Fernández | Sol Trujillo Velasco | Aurelio Urquijo Marín | Pedro Velasco Guzmán | Ramón Garrigos Soriano |

El 17 de julio de 1936, el general Francisco Franco, desde su destierro en las Islas Canarias, dio una orden que cambiaría el curso de la historia de España: sublevar al ejército con el único objetivo de derrocar al gobierno de la Segunda República, proclamada en 1931 tras un período de inestabilidad política y social. Esta insurrección marcó el inicio de la Guerra Civil Española, un conflicto devastador que dividiría a la nación y se prolongaría durante casi tres años, hasta la rendición de Madrid, el último bastión del gobierno democrático. Con la caída de la capital en 1939, España se transformó en una dictadura bajo el régimen de Franco, que se mantendría vigente hasta su muerte el 20 de noviembre de 1975.

Durante este oscuro período, el régimen franquista llevó a cabo una represión sistemática de los opositores políticos. Se estima que alrededor de 200.000 españoles fueron encarcelados simplemente por expresar sus ideas o por ser considerados una amenaza al nuevo orden. Miles más fueron expatriados, forzados a abandonar su hogar y buscar refugio en otros países, mientras que un número indeterminado de personas, tanto hombres como mujeres, fueron condenados a muerte en juicios sumarísimos sin garantías jurídicas. Las cifras de la represión son escalofriantes. Solo en Madrid, las ejecuciones alcanzaron hasta 200 por día, según estudios y registros que han sido recopilados por historiadores y investigadores. Sin embargo, establecer el total de víctimas de esta represión es una tarea compleja debido a la falta de registros precisos y a la invisibilización de muchas de las víctimas.

La brutalidad del régimen franquista se manifestó en diversas formas, desde la censura de la prensa y la represión de la libertad de expresión, hasta el uso desproporcionado de la fuerza por parte de las fuerzas de seguridad del Estado.

Muchos intelectuales, artistas y activistas fueron perseguidos y silenciados, obligados a vivir en la clandestinidad o en el exilio, lejos de su tierra natal.La represión alcanzó a todas las esferas de la sociedad, desde los trabajadores y campesinos hasta los profesionales y académicos. Ese es el caso de Juan José Sánchez Ramírez, un joven miliciano republicano de Santa Cruz de Mudela, Ciudad Real, quien murió en 1941 por un crimen que no había perpetrado.

# CAPÍTULO 1. MIEDO

—¡Silencio! No tenéis suficiente con estar cavando todo el día vuestras propias tumbas para seguir hablando. Debería cortaros la lengua y así no escuchar más voces de rojos, asquerosos, asesinos y enemigos de la patria. A quien oiga quejarse de nuevo, lo haré salir al patio desnudo y le haré cantar el "Cara al Sol" un millón de veces, hasta que amanezca. Los gritos violentos se producían desde el exterior del módulo 42, donde dos guardianes custodiaban a más de 100 presos hacinados en un habitáculo que medía 75 metros cuadrados.

El carcelero, que hacía turno de guardia todas las noches, intentó amedrentar aún más a los presentes. Siempre era incitado por un compañero que lo envalentonaba. No era la primera vez que repetían esa frase y, cada vez que la pronunciaban, la acompañaban con carcajadas para humillar aún más a los recluidos.

—¡Que os calléis, rojos maricones! Claro, me da que lo que queréis es que llame a los moros que nos han ayudado en la reconquista de la gloriosa España. Ellos no miran y pueden hacer con vosotros igual que con vuestras mujeres. Les demostraron que son unos verdaderos hombres y no mariquitas de mierda. ¡Cómo corríais al verlos! Estoy convencido de que teméis más por vuestro culo que por el de vuestras madres, esposas o hermanas. Se comenta que las hicieron disfrutar, ya que son muy machos. Ja, ja, ja.

El segundo guardia no dejó de reírse con las amenazas lanzadas al interior del módulo por el que llevaba la voz cantante. Él también insistió, apoyando las humillaciones que se estaban realizando.

—Me estoy excitando, al igual que cuando me follé a una de vuestras mujeres.

Cargó el arma de manera amenazadora. No era la primera vez que lo hacía desde que custodiaba el centro penitenciario de Valdepeñas.

—Tú, levántate y ven hacia los barrotes. No me hagas perder el tiempo, nenaza.

Sus ojos desprendían odio, centrando la furia con la que había llamado. El hombre se acercó muy lentamente. El miedo se reflejaba en su rostro. La agresividad verbal del carcelero fue creciendo.

—¿Quieres correr, maricón? No tengo toda la noche y te deseo pegar un tiro ahora; me apetece mucho. Así evito el papeleo a los jueces militares.

El silencio era absoluto. El preso, de unos 45 años, se aproximó a los barrotes, tembloroso y atemorizado por su vida.

—¿Cómo te llamas?

Le preguntó enfurecido, de forma chulesca y con desdén de superioridad. Ya había quitado el cierre de seguridad del arma para mostrar aún más sus intenciones de amedrentar al individuo señalado.

—Mi nombre es Sebastián Pérez García, nacido en Ciudad Real. El guardia quiso que lo dijese en voz alta para que el resto de presentes se enterara.

—Mi nombre es Sebastián Pérez García, de Ciudad Real. Repitió una vez más. Sus ojos estaban húmedos, a punto de llorar. Después de sacudir la cabeza contra las rejas, el guardia le cogió la cabeza desde el otro lado de la celda, a la altura de su cara. Al agarrarlo con tanta violencia, el preso estampó la frente contra uno de los hierros.

El soldado no dejaba de reírse.

—No me digas que te has hecho daño, rojo. Te recuerdo que más habéis causado vosotros a nuestra gran España.

Cogió la pistola y se la cambió a la mano derecha. Con un gesto brusco, hizo un ademán de que abriera la boca para introducir el cañón del arma en ella. El recluso comenzó a dar arcadas, a punto de vomitar.

El carcelero ya no se bastó solo con la pistola. También utilizó la palabra para amedrentar al interno. Este comenzó a orinarse en los pantalones.

—Quiero que sepas que, cuando salga de aquí, me voy a ir a casa de tu mujer. Sé dónde vives. La pondré a cuatro patas y haré que goce como si fuera una perra. No me extraña que hayáis perdido la guerra porque vuestro comportamiento fue similar al de las mujeres. Además, te estás meando como un niño pequeño; serás maricón.

El interno no dejaba de llorar. El resto de sus compañeros hicieron un ademán de acercarse, pero el otro guardia montó el fusil de asalto para advertir que no se aproximaran.

Por fin le soltó la cabeza e instó a volver al camastro donde se encontraba echado. Ni le importó que sangrara por el golpe recibido.

—No me digas que te duele, si no te he hecho nada. Espero que no vayas con el cuento de que te he pegado. Diré que te has querido suicidar por no asumir que habéis perdido la guerra. Ja, ja, ja.

El recluso se dio la vuelta e intentó regresar a su camastro. Cayó al suelo, sin conocimiento. Un charco de sangre enseguida lo rodeó. El otro carcelero no paraba de reír por el comportamiento de su compañero hacia el interno.

—A estos ya los tenemos muy vistos. Tengo ganas de que acaben con ellos y vengan otros para continuar con las risas. Hemos tenido demasiada distracción con este grupo de rojos maricones. Incluso ya conocemos el nombre de sus familiares; la verdad es que me aburren.

Estas palabras provocaron que el compañero volviera a gritar con el objetivo de imponer su ley.

—¡No os quejéis! Si os pican piojos o chinches, no quiero palabras ni quejas; os aguantáis. Si sois tan valientes para defender una mierda de República, pues tenéis que estar callados si recibís algún picotazo. Además, dejad de comer a los bichos estando vivos, porque será difícil que disfruten cuando hayáis muerto. Ah, se me olvidaba, el resto del trabajo será de los gusanos.

Esta fue la última apreciación de uno de los carceleros. Se encendió un cigarro, muy complacido con sus palabras, pero no se había dado cuenta de que sus comentarios llegaron a los oídos del sargento de la guardia. En ese momento pasaba revisión de los módulos. El mando se dirigió a sus subalternos de muy mal humor y con gestos ostensibles de desaprobación.

—¡Ya está bien!

Los obligó a adoptar la posición de firmes para recibir la reprimenda.

El sargento ya había llamado la atención varias veces a estos dos cuarteleros. En todas ellas les indicó que serían los tribunales militares los encargados de administrar justicia. Siempre les recordaba que debían cumplir los deseos de Franco, redactados en un bando después de la guerra. Este indicaba que solo se acusaría a quienes hubieran hecho algo fuera de la ley y no a los combatientes que participaron en acciones de guerra. En Valdepeñas estaban la mayoría de estos últimos.

—Dejadles en paz. Ya tienen bastante para que vosotros vengáis a humillarles aún más. No permitiré nada, ¿entendido? Si oigo otra vez estos reproches a los presos, seré yo quien os pegue un tiro en la cabeza. ¿Me habéis escuchado? No me hagáis enfadar. Es la primera y la última vez que retumba en mis oídos algo parecido. Mando un aviso. Ya que estáis con el tema de los moros, cualquiera que les amenace con su presencia, que tenga en cuenta que les premiaré con vuestros culos. Me cercioraré de que pongan vuestros cuerpos mirando al Sáhara.

Los carceleros bajaron la cabeza y respondieron de una manera muy tímida. No concebían que un mando del ejército nacional defendiera tan a ultranza a los rojos, comunistas y grandes enemigos de la patria, pero no tuvieron más remedio que acatar órdenes. Al fin y al cabo, se trataba de un superior y les podría acusar de un acto de rebeldía por desobediencia.

El guardia que amenazó y agredió al recluso se encargó de contestar. El superior se había mostrado muy duro y quería evitar males mayores.

—Sí, mi sargento.

El mando acabó dando su última orden. No dejaba de mirar al recluso herido. Este fue rodeado por sus compañeros para conocer cómo se encontraba.

—Pues entonces a vuestro trabajo. Lo que tenéis que hacer es que esto no huela tan mal y, al menos, que tenga unas mínimas condiciones de salud. Son hombres, no animales. Mañana, a primera hora, me pasaré y, si no está todo en condiciones, obligaré a que vosotros lo limpiéis con la lengua. Si han hecho algo, ya pagarán, pero, mientras yo esté aquí, no voy a permitir ninguna humillación. No lo repetiré más.

Vio que los guardianes se encontraban parsimoniosos tras la advertencia. Parecía que no iba con ellos.

—No sé a qué coño esperáis para comenzar a cumplir mis órdenes. ¿Hablo en un idioma que no entendéis? Dentro de poco se les servirá la cena y, tras ella, quiero todo recogido.

Levantó la voz para que se tuviera constancia de que también se le estaba escuchando dentro del módulo. En el interior, el preso que sufrió la agresión se encontraba recibiendo las atenciones de los propios compañeros. Había recuperado la conciencia, pero seguía echando sangre por la frente. Unos camaradas se apresuraban a ayudar con trapos y agua. Querían taponar la herida.

La intención del oficial era la de poner orden de manera inmediata. Esperaba que los soldados le obedecieran.

—Antes de nada, llamen a alguien para que le cure y corte la sangre. No quiero que este incidente llegue al director del centro. Si por cualquier caso fuera así, no moveré un dedo para evitar que seáis sancionados. Me niego a ser cómplice de vuestras salvajadas. ¿Habéis entendido?

—A sus órdenes.

El guardián, protagonista de la agresión al preso, se puso otra vez firme. Sus piernas comenzaron a temblar por las últimas amenazas. Eso sí, nunca dejó de mirar al interior. La intención era seguir atemorizando.

Antes de que abandonara el módulo, uno de ellos comentó, en voz baja, palabras alusivas al comportamiento de este. Le consideraban admirador de la República.

—Parece que es rojo. No entiendo el motivo por el que está aquí. Con la gente que tenemos encerrada no debemos tener compasión; hay que ser duros.

El compañero asintió con la cabeza, pero no quiso comentar nada. El sargento estaba demasiado cerca. Solo cuando desapareció del módulo se mostró más radical.

—Este tío se merece estar preso. ¿De qué justicia habla? Son enemigos de España y tienen que ser fusilados. Ni tribunales militares, ni leches. Vamos, que si fuese por mí, también los pasaba por las armas. Parece un cura y no un soldado orgulloso de ganar una guerra y salvar a este país de rojos y comunistas.

Los guardias no quisieron desobedecer las órdenes de su mando. Eso sí, esperaron a que se sirviera la cena (siempre había sopa de verduras, repetida también en la comida del mediodía y, por la mañana, para desayunar, de ajo, aguada y con escaso pan) y limpiaron el módulo una vez acabada. Cada preso se acercó a las rejas de la celda para recibir la ración en una marmita de latón que se les daba una vez que ingresaban en el centro. La comida era devorada con mucha ansia por los hacinados.

—Nos vais a matar de hambre, esto no se lo comen ni los perros.

Eran algunas de las frases que se decían desde el interior cada que tocaba recibir el rancho diario.

Tras servir la cena, se dio la orden de comenzar la limpieza. Llamaron a varios hombres con el objetivo de que cogieran lo necesario e iniciaran cuanto antes la tarea. Cepillos de raíz para el suelo y sábanas para secar, la mayoría manchadas de sangre (las que tapaban a los cadáveres después de su fusilamiento). Era aún agosto y la luz todavía entraba por el módulo. No dudaron en aprovechar esta circunstancia para que la zona quedara aseada por si el sargento aparecía de nuevo. Se ordenó retirar los camastros, la mayoría repletos de chinches y piojos, y se establecieron las tareas para dejar el módulo listo con rapidez. A los que se consideraban más peligrosos o agitadores se les asignó la peor de las tareas. A través de las rejas se les hizo llegar cal viva. Los soldados se taparon la boca para evitar el mal olor. Esta era destinada para el agujero donde se hacían las necesidades.

La operación duró algunos minutos y provocó gases que afectaron a los reclusos. Estos comenzaron a toser y a dar arcadas. Muchos de ellos se resguardaron con pañuelos, pero el olor era tan insoportable que el módulo se quedó impregnado por los vómitos. Cada uno recogió el suyo ante la posibilidad de que fueran descubiertos y se llevaran una paliza, el método de represalia más utilizado.

Los carceleros insistían a gritos para que todo se limpiara antes de que cayera la noche. A la vez, solicitaron el refuerzo de otros dos soldados con el objetivo de que se cumplieran las órdenes y evitar un motín. Muchos alzaron la voz ante la humillación que estaban sufriendo.

Uno de ellos levantó la palabra, el que iba a limpiar el agujero.

—Vosotros decís que sois salvadores de España, una mierda que os comáis. No se puede jugar con la dignidad de la gente y menos con la salud.

—Cállate, bastardo. Haz lo que te dicen. Dentro de poco estarás en el otro mundo y esto se habrá olvidado. Tienes suerte de que no te metamos en el agujero y tú acabes también consumido.

La respuesta fue del guardia que recibió la reprimenda del sargento a primera hora de la tarde. Nada le importaron las amenazas de su mando y continuó con las faltas de respeto. Era consciente de que el superior ya no pasaría por el módulo hasta el día siguiente. Siguió dando rienda suelta a las humillaciones e insultos.

Los cepillos comenzaron a emplearse en el suelo tras el caos del primer momento. Se repartieron los estropajos de esparto y los utilizaron cuando se encharcó el pavimento. Para ello, tenían que estar agachados y de rodillas. Se turnaron para no dañarse aún más de lo que ya estaban.

Se hizo de noche y la oscuridad entró de pleno en el habitáculo. No obstante, ni importó. Los guardianes continuaron con los abusos, aunque siempre de palabra.

—Vamos, niñas, que no tenemos todo el día. Si seguimos a este ritmo, veo que vais a echar los colchones de nuevo al suelo y a dormir mojados.

Insistió una vez más en algo común en aquellos momentos e hizo referencia a la poca hombría de los perdedores de la guerra.

—Deberíais haberos quedado en casa y ser las putas de los moros. ¡Cómo disfrutarían vuestros culos! Vuestras mujeres hubiesen luchado mejor.

Solo faltaban los lugares cercanos a las pocas ventanas del módulo. Hasta allí se dirigió un recluso para raspar el suelo. Antes de comenzar, miró a la luna. Ese día tenía una luz esplendorosa.

La observó varias veces y respiró aire fresco para paliar los efectos de los gases. En ese momento, las lágrimas empezaron a salir de sus ojos. Intentó disimular, pero un compañero se percató.

—¿Qué te pasa, "Pajarito"?

Con el mote familiar se la conocía a este preso en Santa Cruz de Mudela y así le llamaban en el centro sus paisanos; más o menos una veintena nacidos en esa localidad se encontraban presos.

Las palabras se las dirigió un sindicalista al que llamaban "Tapón", originario de Calzada de Calatrava, también de la provincia de Ciudad Real.

Juan José, así era su nombre, no contestó. Guardó silencio, pero las lágrimas no dejaban de caerle.

—¿Qué te pasa? volvió a preguntar "Tapón". Se arrodilló junto a él y le acarició el pelo.

El sollozo se convirtió en un fuerte llanto difícil de consolar. Quiso dar una explicación a su compañero. Con la voz entrecortada y un tono muy bajo, por fin contestó. Se respondió a sí mismo.

—¿Qué me pasa? ¿Qué será la última vez que vea la luna?

"Tapón" quiso animarlo y restar importancia a las lágrimas de su compañero de módulo.

—No digas tonterías, tendrás muchas lunas que mirar en tu vida.

El joven motivó su tristeza. Llevaba allí mucho tiempo. Estaba convencido de que sus opciones de salir de allí se estaban acabando.

—Tengo la corazonada de que no me marcharé vivo. Todas las noches, cuando escucho el ruido del cerramiento de las puertas, pienso que me ha llegado la hora. Espero poder despedirme de los míos, sobre todo de mi madre y de los hermanos pequeños.

—Venga, no digas sandeces. No quiero escuchar eso ni una vez más. Ya has tenido el juicio y, según tú, nadie ha demostrado nada. Puedes mirar otros casos y, si te das cuenta, hay mucha gente que ha salido libre. El tema político parece que no se condena.

El compañero quería dar esperanza y se abrazó al joven en señal de cariño.

—Vamos a terminar. Esos zoquetes fascistas nos están mirando. Espero que no digan tonterías sobre nuestra conversación. Si quieres, a partir de hoy te pones el camastro a mi lado por si necesitas charlar.

El compañero doblaba en años a Juan José. Este, en el mes de marzo de 1941, cumplió 21. La diferencia de edad no pareció ser un problema para ambos. Parecían amigos de toda la vida.

Acabaron de limpiar la parte que les correspondía, cogieron los camastros y los colocaron cerca de una de las ventanas. "Tapón" tenía un estatus entre la población reclusa y no tuvo problemas en colocar a su amigo cerca de él.

—Desde aquí verás la luna cada noche.

Sonrió ante la afirmación de su compañero.

—Gracias.

 Se dieron la mano en plan de amistad. Juan José se tranquilizó.

El sindicalista se dirigió a su compañero por última vez el día antes de que ambos se echaran a descansar. Quiso que dejara de pensar y sus palabras le sirvieron de distracción.

—¿Cómo se llaman los miembros de tu familia? ¿Sois muchos?

No dudó en responder, necesitaba contar cómo eran.

—Mi madre, Raimunda. Concha, Camilo, María, Alejandro, Valentín y Valentina son mis hermanos. No tengo padre, que se llamaba igual que uno de los pequeños. Murió en diciembre de 1931 por causas desconocidas.

"Tapón" tenía dos preguntas más preparadas para "El Pajarito". Este por fin se calmó y secó las lágrimas con un pañuelo de tela que llevaba en el pantalón, el mismo con el que minutos antes se tapó la boca y nariz para evitar los malos olores y gases producidos por la limpieza de la fosa destinada a las necesidades fisiológicas.

El sindicalista fue directo.

—¿Sabes rezar?

Juan José respondió de manera ágil, como si la pregunta ya la hubiera contestado alguna que otra vez.

—No creo en Dios. Si existiera, no estaría aquí, al igual que muchos de nosotros que no tenemos culpa de nada. Tampoco lo hice cuando me pagaban por ejercer de monaguillo en la iglesia durante un tiempo.

Hizo un inciso ante la contestación tan voraz de su compañero de módulo.

—Bueno, yo tampoco y nunca me ha pasado nada. Creo lo que veo. Eso de pedir milagros y cosas a las estatuas me hace sentir ridículo. Cuando esta gente nos obliga a rezar, muevo los labios. Los fascistas son tan tontos que se lo tragan. Ja, ja, ja. Son unos analfabetos y tampoco se lo saben, aunque, como dicen que lo hagamos, gesticulo y ya está... Por último, hay algo que me llama la atención con respecto a tu familia.

El interrogatorio ya le parecía a Juan José demasiado extenso, sobre todo porque venía de parte de un individuo con el que había tenido poco contacto desde que ingresó en el campo de concentración de Valdepeñas. Quiso saber los motivos de la curiosidad por su familia.

—¿Qué?

—¿Cómo es posible que dos hermanos se llamen Valentín y Valentina?

"Tapón" hizo muecas sin entender por qué llevaban el mismo nombre, uno, en masculino, y el otro, en femenino.

Al "Pajarito" le brillaron los ojos solo de pensar en los pequeños. Se empezó a reír antes de contar la historia. Era la primera vez que lo hacía desde que estaba en Valdepeñas.

—Ja, ja, ja. Pues que mi madre dio a luz a una pequeña niña en casa de mi abuela. Se empezaron a barajar varios nombres, que si Virtudes, por la patrona de Santa Cruz; Ana... Así, una larga lista que, a mí me da, enturbió la cabeza de mi padre. Este, al ir al Ayuntamiento a inscribir a la recién nacida, no se acordó del nombre final porque se dijeron muchos. Tiró por la calle de en medio y, si el pequeño de los hombres se llamaba Valentín, por tanto, ella Valentina. Se quedó tan pancho y feliz.

Juan José continuó con el relato. La historia cada vez le hacía más gracia a "Tapón". Este se empezó a reír.

—Cuando llegó a casa y enseñó la documentación a mi madre, esta se ofuscó. Le insultó y echó. Al no haber más remedio y ya no poder cambiar el nombre de la niña, recapacitó y a las horas la volvió a dejar entrar. Eso sí, se llevó una reprimenda que no veas. La pena es que mi padre disfrutó poco de su Valentina porque falleció cuando mi hermana tenía nueve meses. El sindicalista cambió la cara. De la risa pasó a la tristeza.

La conversación se acabó aquí e intentaron descansar. A Juan José, antes de dormir, le dio tiempo de mirar de nuevo a la luna. El compañero se dio cuenta y volvió a dirigirse a él.

—Déjalo ya, que mañana será otro día. Creo recordar que mañana tu madre viene. Ojalá te traiga a alguno; deseo que sean ambos y así conocer a la pareja de Valentines aunque sea de lejos.

El de Santa Cruz de Mudela se dio la vuelta y dio la espalda a su nuevo amigo. Se quedó dormido al igual que el resto de los reclusos de aquel módulo del campo de concentración. Esa noche entró en un sueño profundo y descansó tranquilo, mejor que en los últimos días. Además, no se escuchó ruido alguno en ningún cerramiento. Eso significaba que un día más seguirían todos juntos, sin una visita sorpresa por parte de los guardias para un traslado forzoso con destino desconocido. Cuando despertó, dio las gracias por ese tiempo extra que la vida les daba al grupo. Eso sí, convencido de que la injusticia se cebaba con ellos.

El campo de Valdepeñas, situado en Ciudad Real, era un lugar de reclusión para cerca de 1.000 presos de guerra, la mayoría de ellos a la espera de juicio. Esta fortificación antigua era uno de los más amplios de la región y acogía a una gran cantidad de población con causas preventivas. Los informes sobre los prisioneros eran enviados desde sus localidades, principalmente por curas, quienes se encargaban de tramitar las denuncias de los vecinos o en representación del pueblo. Estos informes reflejaban el grado de vinculación de los prisioneros con el bando republicano, evaluando su participación en acciones de guerra o posibles delitos de sangre.

En muchos casos, los reclusos llegaban por indicios más que en pruebas concretas de implicación. La incertidumbre y el miedo se palpaban en el ambiente, ya que cualquier sospecha podía llevar a una persona a encontrarse tras las alambradas de este campo de internamiento. La espera de juicio se convertía en un periodo de angustia y preocupación, con la incertidumbre de lo que el futuro les depararía.

En medio de esta situación tensa y cargada de incertidumbre, los presos debían enfrentarse a un sistema judicial que muchas veces se basaba en meras conjeturas y no en pruebas concretas. La espera de noticias de sus localidades y la posibilidad de ser juzgados por su supuesta implicación en actividades del bando republicano o delitos de sangre añadían aún más presión a una situación ya de por sí difícil.

Los hombres y mujeres participantes en acciones militares quedaban exentos, siempre que se contara con algún testigo o documentación que les amparara. Así se indicó en uno de los últimos bandos de guerra firmado por Francisco Franco, ya en aquellos momentos auto proclamado caudillo de España. Al final, era un centro de paso entre la vida, es decir, el indulto, y la condena y fusilamiento por castigo.

En la sobrepoblación de los módulos carcelarios, la falta de infraestructura se hacía evidente. Los reclusos, ya sea cumpliendo condena o esperando su sentencia, se encontraban hacinados en celdas que apenas les proporcionaban lo mínimo para subsistir. Dormir en el suelo era la única opción, con apenas un pequeño agujero como baño y dos cubos de agua para todas sus necesidades higiénicas. La falta de espacio y las condiciones precarias en las que vivían contribuían a la suciedad que imperaba en el lugar.

Las paredes de piedra y el suelo frío y duro no ofrecían ningún tipo de comodidad, convirtiendo el tiempo que pasaban en esas celdas en una tortura constante. La falta de ventilación adecuada y la acumulación de cuerpos en un espacio reducido generaban un ambiente viciado y opresivo. La desesperanza y la resignación se palpaban en el aire, mientras los reclusos intentaban sobrevivir en un entorno inhumano.

A pesar de las condiciones infrahumanas en las que se encontraban, muchos de ellos seguían luchando por mantener la cordura y la dignidad. Sin embargo, la falta de recursos y la indiferencia de las autoridades penitenciarias contribuían a empeorar su situación.

# CAPÍTULO 2.UN DÍA DESPUÉS

—¡Valentina, Valentina! ¿Dónde estará esta niña?

Raimunda no paraba de llamar a su hija pequeña, la encargada ese día de acompañar a visitar a Juan José. Eran las once de la mañana y ya tenía todo preparado para comenzar un largo viaje de cuatro horas, incluso el burro. Llenó las alforjas de agua, pan, queso y algo de embutido de la matanza. Este se le regaló una vecina para que se la entregara de su parte. También elaboró algo más de comida para ella y su hija. El camino era largo y penoso. Además, hacía un calor insoportable y echó algunos pañuelos que servirían a las dos para protegerse del sol. Guardó en el bolsillo del mandil la documentación necesaria para el viaje, un salvoconducto visado por el ejército. Con él se aseguraba un traslado sin contratiempos.

Llegó la hora y Valentina no apareció. Buscó en el cobertizo, debajo de las camas y se asomó a la puerta de la casa por si jugaba en los alrededores con algunas amigas de su edad. La pequeña no aparecía y comenzó a vocear su nombre varias veces, pero nada; parecía que se la hubiera tragado la tierra. Raimunda avisó la noche anterior a la niña. Ella la iba a acompañar. Juan José estaba obsesionado con los más pequeños. Quería saber si habían crecido, si estaban bien de salud... Valentín y Valentina eran sus amores, tanto que en la camisa portaba una foto de ambos, que miraba, añoraba y echaba de menos. La llevaba siempre en la camisa desde que entró en el centro. Con la visita de los hermanos, aparcaba las penas y hacía olvidar por unas horas el lugar donde se encontraba. A la madre  se le acababa el tiempo. La visita era por la tarde y no se la quería perder. El llegar pronto la haría ser de las primeras en entrar en el campo y también la aseguraba el regreso al pueblo antes de que oscureciera.

Se comenzó a desesperar. No sabía qué hacer y se comenzó a preocupar. ¿Dónde estaría? Tomó la decisión de emprender el viaje sola. En ese momento, apareció por la puerta María. Regresaba de llevar la comida a Camilo y Alejandro, los hijos varones que aún le quedaban en casa. Estos comenzaron a trabajar de manera definitiva en la tejería del pueblo una vez acabada la guerra.

La madre preguntó por el paradero de la niña.

—María, ¿tú sabes dónde está Valentina?

La hija negó con la cabeza antes de sentarse en una silla. Demostró estar cansada debido a la gran distancia que debía recorrer para llevar el almuerzo a los hermanos.

—Pues habrá que ir a buscarla. Espero que no le ocurra nada. Se va a enterar si ha olvidado que tenemos que ir a visitar a Juan José.

Raimunda estaba llena de cólera al no conocer el paradero de la niña pequeña. María se levantó de la silla al escuchar la solicitud de la madre. Tras beber un poco de agua, se mostró inquieta. No era normal que Valentina desapareciera sin dejar señales.

—No se preocupe, madre. La iré a buscar. Si en un tiempo prudencial no regreso, vaya tranquila. Se habrá metido en algún sitio y no recordará que la tenía que acompañar.

En ese momento apareció Valentín por sorpresa. Lo raro es que no estaba con él porque siempre salían y regresaban juntos tras jugar en la calle con amigos de la misma edad. La madre se dirigió a él.

—¿Tú sabes dónde está la niña?

—No. La contestación producía mientras María salía por la puerta para buscar a la hermana.

—¿Dónde estará Valentina? Esta mañana le he dicho que esté preparada para el viaje. Se lo he dicho mil veces y parece que no se entera. Me da la impresión de que es tonta. Repetía la madre una y otra vez.

María se recorrió todo el pueblo buscando a la hermana. Estuvo en casa de unos amigos de la niña, de conocidos y de algún familiar cercano... No dio con ella.

Resignada, se dispuso a volver a casa. Esperaba que ya estuviera allí. Durante el regreso, entendió la doble preocupación de la madre. Esta tenía que visitar a su hijo mayor al campo de concentración de Valdepeñas para conocer su estado – iba una vez a la semana – y encima la hija pequeña no aparecía.

Se mostró entregada, ni rastro de la pequeña. En medio de la desesperación, cerca de la plaza del Ayuntamiento, escuchó a voces su nombre.

—¡María, María, párate, por favor!

Los gritos eran tan fuertes que se dio por aludida y volvió la espalda. Era Tomasa, la hija de un primo de su padre. Esta venía soliviantada y nerviosa.

Le comenzaron a temblar las piernas. En un momento pensó en lo peor. La chica reaccionó a la desesperada.

—¿Qué pasa, qué pasa? ¿Quieres contar de una vez? ¿Es Valentina?

La contestación de Tomasa fue seca y directa.

—Sí.

—¿Le ha pasado algo? ¿Está bien? Insistió la hermana mediana de Valentina.

Tomasa no la quiso dar más explicaciones puesto que estaban en la calle. Cualquier reunión se consideraba ilegal y, por tanto, era peligroso hablar allí.

—Sí, pero se niega a salir de mi casa. Solo quiero que vengas. Está escondida debajo de una de las camas y me es imposible sacarla.

María puso cara de sorpresa, pero fue ágil en la respuesta. Era consciente de la prisa que tenía Raimunda por ir a visitar a su hijo y necesitaba llevar a Valentina a casa cuanto antes.

—Venga, vamos, que a mi madre le está a punto de dar algo.

Al llegar a casa de Tomasa, abrió la puerta Baldomero, su hermano, que se apartó para que María entrara rápido. Le indicó el lugar donde se encontraba la pequeña.

—Está en esa habitación, debajo de la cama de la derecha.

Se echó al suelo y la intentó sacar tirando de un pie. Empezó a gritar, aunque aliviada por dar con ella sana y salva. Advirtió a la pequeña de las posibles consecuencias.

—Sal de ahí, que cuando madre te vea, te va a matar.

Valentina se hizo de rogar e, incluso, se acurrucó aún más para tomar distancia de la hermana.

—No quiero, me da bochorno.

María escuchó a la niña llorar. Quiso saber los motivos.

—¿De qué? Baldomero, Tomasa, ¿me podéis decir qué ha pasado aquí?

Los dos hermanos se miraron y ninguno se atrevió a contestar.

—Necesito que me lo contéis. La preocupación de la hermana mediana de Valentina era un hecho. Pensó que le había pasado algo.

La mujer se dirigió a su hermano. Este ya no pudo ocultar la verdad.

—Venga, Baldomero, cuéntaselo tú.

Comenzó con la narración de los hechos.

—Pues que esta mañana Valentina pasó por aquí para ir a jugar con su amiga Juani, la hija de Patricio, sí, la que vive dos casas más abajo. Ambas, en un momento dado, se comenzaron a pelear y levantaron los puños. Era solo una riña, pero en ese instante pasó por delante un grupo de falangistas y las observaron haciendo ese gesto.

Mostró la indignación por la brutalidad mostrada con las niñas.

—Las cogieron en brazos y metieron en casa de Patricio, al que dieron un puñetazo. Este cayó al suelo por el golpe. Con una maquinilla de esquilar ovejas, les cortaron el pelo al cero. Las niñas no dejaban de llorar. Los gritos se escuchaban hasta aquí. Juani se escondió debajo de una mesa y tampoco quiere salir. Valentina llegó a casa llorando y nerviosa. Tomasa no la pudo consolar. En un momento salió corriendo y se escondió debajo de la cama. Son unos bastardos. Eso no se hace con unas niñas tan pequeñas.

María pudo por fin convencer a Valentina. Esta apareció con la cabeza rapada. Se puso las manos encima y trató de cubrirse.

—Mi pelo, mi pelo...

La pequeña se dirigió a su hermana. A esta le cambió la cara. Buscó alguna solución.

—Tomasa, ¿tienes un pañuelo?

Entre todos convencieron a la niña para que se lo pusiera y salieron en dirección a casa.

Valentina iba de la mano de la hermana, aunque un poco más retrasada que ella. Se quería esconder. Eran conscientes de que supondría una atracción en el pueblo y que no se les dejaría de prestar atención. Tuvieron la suerte de no encontrar a nadie por el camino.

Al llegar a casa, María empujó la cortina que separaba la puerta del hogar del pasillo y el corral.

Raimunda ya apuraba los minutos para emprender el viaje a Valdepeñas.

—¿Has encontrado a tu hermana?

La madre esperaba una respuesta positiva que la aliviara de la preocupación por la pequeña. María quiso evitar males mayores para la niña.

—Sí, aquí está Valentina conmigo, pero me dice que, por favor, no la regañes. No ha sido por su culpa.

Se dirigió a buscarla. La niña, en un acto reflejo y atemorizada, se escondió detrás de la hermana. La quería dar un cachetazo. María se entrometió para evitarlo y descubrió la cabeza de Valentina, pelada al cero.

—Déjela en paz, mire lo que le han hecho.

La pequeña corrió a los brazos de la madre y empezó de nuevo a llorar. La madre empezó a gritar. No le importaba ser escuchada.

—Malditos cabrones, estos son los que venían a salvar España. Esto no se hace. Son unos vengativos. Saben nuestras circunstancias, con tu hermano en la cárcel por participar en la guerra, y se aprovechan. Está claro que nos quieren dar una lección. Eso no se hace a una chica tan pequeña. María intentó calmar a la madre. Le explicó que a la amiga de Valentina la hicieron igual. Las casualidades no existen, puesto que también un familiar estaba en iguales condiciones que Juan José.

Raimunda cogió en brazos a Valentina; esta no dejaba de llorar. Para que no se sintiera desprotegida, le volvió a poner el pañuelo en la cabeza. Incluso bromeó con ella. El objetivo era que se calmara de manera rápida.

—No te preocupes, el pelo sale. Ya verás que cuando crezca tu rubio lucirá más que el sol.

Valentina sonrió y dio un beso a la madre. Se bajó de los brazos. Sus ojos estaban aún húmedos por el llanto desconsolado.

—Ya sé que Juan José quería que fuera hoy, pero no quiero que me vea así. Se culpabilizará de lo que me han hecho.

La madre tenía prisa. La hora de marchar se le echaba encima e improvisó de momento.

—Irá Valentín. Él también quiere ir a visitar al hermano. Diré a Juan José que estás un poco indispuesta. Por favor, no te muevas de aquí.

Al pequeño la cogió la noticia de sorpresa. Raimunda instó al pequeño a que se preparara cuanto antes porque salían de inmediato.

—Venga, saca el burro, nos vamos. María, por favor, si llego tarde, pon la cena. Comenta a Concha que también prepare la talega con la comida de mañana para tus hermanos.

María asintió con la cabeza. Ya había pasado el susto y ella también se calmó.

—Vaya tranquila, madre, entre Concha y yo dejaremos todo preparado. Tengan cuidado en el viaje. Den muchos besos a Juan José. Nuestro corazón y ánimo están con él. Sabemos que no tiene la culpa y se demostrará su inocencia.

Raimunda y Valentín abandonaron la casa, el polvo del camino ya se levantaba tras sus pasos, rumbo a Valdepeñas. El viaje comenzó con la madre caminando con paso firme, a pesar del dolor, mientras Valentín, se acomodaba sobre el lomo del burro, un animal que parecía tan cansado como ellos. El sol caía a plomo, un sol de justicia que abrasaba la tierra seca y agrietada. Por momentos, el niño, con la inocencia propia de su edad, instaba a su madre a que se subiera al burro, argumentando que el viaje era largo y extenuante, incluso para alguien con la fortaleza de Raimunda. Ella, con una sonrisa cansada pero llena de amor, le recordaba que el viaje era para ambos, y que el descanso llegaría al final del camino. Pero el calor era implacable, un enemigo invisible que les hacía sudar copiosamente. El dolor en la rodilla derecha de la amciana, un dolor crónico que la acompañaba desde hacía años, se intensificaba con cada paso. Muchas veces, el bastón de madera, su fiel compañero, era su único apoyo. A pesar de las dificultades, la determinación de ambos los impulsaban hacia adelante, hacia Valdepeñas. El burro, con su paso lento y constante, parecía entender la importancia de su carga, llevando con paciencia a la madre y al hijo hacia su destino. El paisaje, árido y silencioso, era testigo mudo de su perseverancia, de su lucha contra el cansancio y el calor, una lucha que se libraba paso a paso, bajo el implacable sol de mediodía.

Llegaron al campo de concentración de Valdepeñas con el tiempo justo, apenas alcanzando a ocupar uno de los pocos lugares disponibles para las visitas. La premura de su llegada contrastaba con la solemnidad del momento. El encuentro, programado con rigurosa precisión, era el único permitido a la semana. Padres y madres se encontraban con sus hijos, algunos niños se acercaban tímidamente a sus progenitores, mujeres visitaban a sus maridos tras largos periodos de separación.

El ambiente era tenso, cargado de una mezcla de esperanza y resignación. Las caras cansadas reflejaban el agotamiento físico y emocional de los largos viajes, muchos procedentes de localidades incluso más distantes que Santa Cruz de Mudela. La imagen era conmovedora, un testimonio silencioso del sufrimiento y la perseverancia en medio de la adversidad. Cada abrazo, cada palabra susurrada, era un acto de resistencia, un pequeño rayo de luz en la oscuridad de la reclusión. La espera, la incertidumbre, y la limitación de una sola visita semanal, acentuaban la intensidad de estos encuentros efímeros, grabando en la memoria colectiva la crudeza de la experiencia.

Los guardianes, bajo el mando de un teniente coronel, mantenían un férreo control sobre las visitas al campo de concentración. El proceso comenzaba con la rigurosa identificación del visitante, quien debía proporcionar el nombre del recluso que deseaba ver. A continuación, se iniciaba una larga espera en una fila, mientras se gestionaba el traslado del preso. La comunicación entre el visitante y el recluso se realizaba siempre bajo la estricta vigilancia de dos guardias, quienes observaban cada movimiento y conversación. Este protocolo, inflexible y meticuloso, reflejaba la atmósfera opresiva y controlada que imperaba en el lugar, donde cada acción estaba sujeta a la supervisión constante de las autoridades. La impersonalidad del procedimiento, la espera prolongada y la presencia constante de los vigilantes contribuían a generar una sensación de desasosiego e incertidumbre en los visitantes, quienes se veían sometidos a la autoridad implacable del régimen. El proceso, en su frialdad y eficiencia, subrayaba la naturaleza inhumana del sistema.

Los visitantes se colocaban en el exterior del campo, separados de los reclusos por una reja que representaba una barrera física y simbólica entre la libertad y la cautividad.

El proceso de entrega de cualquier artículo, desde alimentos hasta ropa, estaba estrictamente regulado y sujeto a la supervisión de varios guardias. Un escribiente registraba meticulosamente cada transacción, mientras que dos miembros del ejército aseguraban el orden y la seguridad durante las visitas.

Este riguroso control, sin embargo, no garantizaba la integridad del proceso. La corrupción era rampante, y muchos carceleros se apropiaban de una parte significativa de las provisiones destinadas a los reclusos, considerando estos bienes como un botín de guerra, un derecho adquirido por su participación en el conflicto. Esta práctica no solo violaba las normas básicas de humanidad, sino que también agravaba las ya precarias condiciones de vida de los prisioneros, quienes dependían de la buena voluntad (o la falta de ella) de sus carceleros para recibir el sustento básico. La falta de transparencia y la impunidad de los responsables contribuían a perpetuar este sistema de abuso y opresión. La reja, símbolo de separación, se convertía en un testigo mudo de la injusticia y la desigualdad que imperaban dentro del campo.

A Raimunda y Valentín les tocó el turno de visita, lleno de esperanzas y emociones contenidas. Juan José, al ver que se acercaban, se acercó a la valla con un aire de ansiedad y expectativa, sintiendo cómo su corazón latía con fuerza en su pecho. La madre, al observar a su hijo, se dio cuenta con tristeza de que, en comparación con la visita de la semana anterior, él estaba aún más delgado, como si el peso de la situación lo hubiera consumido poco a poco. Una vez que finalmente se encontraron, los tres enlazaron las manos entre las rejas, creando un vínculo palpable a pesar de la separación que los mantenía distanciados. La progenitora se acercó a la mejilla de su hijo y le dio un beso cálido y reconfortante que parecía transmitir todo lo que las palabras no podían expresar. Después de ese gesto, Juan José se arrodilló con delicadeza para acariciar a su hermano, quien lo miraba con ojos brillantes, mientras la madre, con el corazón apesadumbrado, sentía que sus ojos comenzaban a llenarse de lágrimas, dándose cuenta de que la vestimenta que llevaba puesta, incluyendo los zapatos que calzaba, no era la misma con la que había ingresado en prisión, lo que la llevó a querer salir de dudas.

—¿Y esa ropa?

Juan José tenía estudiada la respuesta. Sabía que la madre se referiría a ello.

—Intentamos aprovechar lo que dejan atrás otros compañeros.

No entendió las palabras de su hijo.

—¿Qué me quieres decir con eso? No sé a qué te refieres. ¿Os la regalan?

El joven esquivó las preguntas, pero al final hizo un juego de palabras para que entendiera el mensaje y que Valentín no se diera cuenta.

—Pues que nos dicen que esa ropa ya no la van a utilizar más en el sitio a donde van.

La madre interrumpió. Quitó importancia al comentario y quiso demostrar que la esperanza es lo último que se pierde. Era optimista por naturaleza.

—No te preocupes. Cuando salgas de aquí, tendrás en casa la mejor vestimenta del mundo. Concha y María te están tejiendo unos pantalones y una americana. Los domingos vas a ser la persona más arreglada del pueblo y, por supuesto, el más guapo.

Juan José comenzó a sonreír, algo poco habitual en él.

—Gracias, madre. También se las da de mi parte a Concha y María. Me imagino que serán ya unas mujeres. Por cierto, ¿dónde está Valentina? ¿Hoy le tocaba venir? ¿Ha pasado algo?

Al mismo tiempo, Raimunda lanzó un puntapié a Valentín, esperando a que el hijo mayor no se diera cuenta. El pequeño era muy hablador y temía que dijera la verdad. No le frenó.

—Pues que unos falangistas esta mañana le han cortado el pelo al cero. A su amiga, también.

Le miró con cara de enfado e intentó desviar la conversación. El pequeño recibió un pescozón.

—Te quieres callar. No hagas caso, Juan José, son cosas de niños. Ha escuchado campanas y no sabe dónde.

Al hijo se le estaba cambiando la cara y mostró preocupación.

—No me mienta. Me puede contar la verdad.

Valentín comenzó a llorar por la imprudencia. Su madre le prohibió comentar lo sucedido desde el mismo instante en que ambos salieron de Santa Cruz de Mudela, aunque no le quedó más remedio que narrar el hecho acaecido.

—Es cierto. Esta mañana la han pillado con una amiga jugando y las dos tenían los puños en alto y cerrados. En ese instante pasaron unos falangistas y se dieron cuenta. En señal de represalia, les cortaron el pelo al cero. Serán malnacidos.

El hijo se hizo responsable.

—Es todo por mi culpa. Los ojos se le estaban llenando de lágrimas pensando en Valentina. La conocía bien y era consciente del disgusto que se había llevado.

Raimunda quiso transmitir tranquilidad.

—Tú no tienes nada que ver. Son cuatro cabronazos vestidos de azul que, por ganar la guerra, se creen que el pueblo es suyo. Ya pagarán. Te aseguro que tendrán la peor muerte posible.

El joven se puso el dedo índice en la boca en señal de que no siguiese contando nada más. Los guardias estaban a un metro de ellos y la podían escuchar.

—Me da igual que se enteren. No se puede dañar a unas personas tan pequeñas.

Por fin, se dejó de hablar del tema. Raimunda quería saber su situación.

—¿Te encuentras bien? ¿Comes?

Juan José obvió la preocupación que la invadía desde que se celebró el juicio militar.

—Excepto porque no duermo mucho, voy tirando. En cuanto a las comidas, quiero que sepa que echo de menos las suyas. Ya comeré pronto sus pucheros y pipirranas.

La contestación fue esperanzadora. A la madre le brillaron los ojos. Era lo que más deseaba en la vida, la libertad del hijo. Por eso no dudó en señalar que estaba dispuesta a contentar todas las peticiones.

—Serán muchas.

Valentín, mientras tanto, se puso a jugar alrededor de la valla. Estaba más preocupado por un gato pardo que merodeaba por allí que por el diálogo posterior entre madre e hijo. Había recuperado la alegría después del pescozón anterior.

Salió a la luz su gran preocupación. Por eso, Raimunda fue directa. Intentó conocer la situación real.

—¿Sabes algo?

El chico no tenía mucho que contar. Su conversación no fue distinta a la de las últimas visitas.

—Nada, desde el juicio no tengo noticias. En estas circunstancias estamos todos los que nos acusaron. Sigo diciendo que soy inocente. Espero que alguien me escuche y se haga justicia con todos nosotros.

Antes de la despedida, la madre hizo una observación.

—Preguntaré para saber si alguien me puede recibir.

El hermetismo en casos similares se lo recordó a la madre.

—No darán ninguna información. Aquí nadie opina y, mucho menos, cuando ya se han celebrado juicios sumarísimos. Debemos esperar, aunque confío en nuestra inocencia. Es falso lo que allí se dijo.

Los guardias interiores y exteriores dieron el aviso. El tiempo de visita llegó a su fin. Se agarraron de la mano y se besaron, salvando el obstáculo de las rejas. Valentín también se acercó para decir adiós. Hubo un último mensaje desde el interior.

—Diga a mis hermanos que les quiero mucho. A Valentina, además, la abrazo con todas las fuerzas. Pronto le crecerá ese pelo rubio tan bonito que tiene.

Raimunda hizo gestos de conformidad. Le prometió hacerlo nada más llegar de regreso al pueblo. En ese momento, dos guardianes apartaron a Juan José de la reja para llevarlo a un lugar distinto del campo de concentración.

Madre e hijo no echaron la vista atrás y emprendieron la marcha de regreso. Quedaban cuatro horas de duro camino para regresar a casa.

Llegaron sin novedad a Santa Cruz. Valentín, que en muchas fases del viaje se había quedado dormido encima del burro, se fue inmediatamente a la cama. Concha era la única despierta. El resto, incluida la pequeña, dormía. Raimunda vio que las talegas de sus hermanos, con el desayuno de media mañana, estaban preparadas. Esta ya cocinaría al día siguiente el almuerzo para que se lo llevara María. Lo repetía cada jornada.

Pensó otra vez en Juan José y en la ropa que llevaba y de dónde la sacaba. También tuvo palabras de agradecimiento para el animal, Jacobo, por el esfuerzo de tanto viaje de ida y vuelta a Valdepeñas.

Fue a visitar a Valentina antes de acostarse. Esta ya dormía y pensó en el mal día que habría pasado. Sabía que no pisó más la calle después del susto que se había llevado; la conocía muy bien. En ese instante, decidió que jamás la dejaría estar fuera de casa sin perderla de vista.

Por un momento, aparecieron en su mente los fantasmas de la pasada guerra civil. Pensó en la hija de una de sus primas, Josefa, sordomuda de nacimiento. De la misma edad que su pequeña, fue violada por miembros del ejército moro. La dejaron casi muerta en un descampado tras el abuso. Juró que eso no pasaría con ella.

# CAPÍTULO 3. CUATRO AÑOS ANTES

Durante la Guerra Civil, la universalidad del conflicto se hizo evidente. El ejército republicano, que ya luchaba con fuerza, recibió un impulso adicional con la llegada de voluntarios de diferentes países que se unieron a las Brigadas Internacionales. Estos voluntarios formaron inicialmente sus propios batallones, pero pronto se integraron como divisiones completas en las estrategias de combate.

La presencia de las Brigadas Internacionales fue fundamental en la resistencia republicana, convirtiéndose en héroes para la población que aún apoyaba al gobierno. Sin embargo, a pesar de esta ayuda exterior, la República se vio obligado a movilizar a los hombres mayores de edad. Esta decisión, aunque necesaria para detener el avance franquista, tuvo consecuencias significativas en las zonas bajo su control.

La movilización de los hombres afectó principalmente a los pueblos, donde la ausencia de jornaleros provocó la pérdida de cosechas y un impacto negativo en la economía local. La desbandada de la población masculina tuvo un efecto devastador en la vida diaria de los habitantes, complicando aún más la difícil situación que atravesaba el país en medio de la guerra.

A pesar de los sacrificios y las dificultades, la resistencia se mantuvo firme, luchando con valentía contra las fuerzas franquistas. Las Brigadas jugaron un papel crucial en esta lucha, demostrando la solidaridad internacional y el apoyo a la causa republicana.

La ayuda de las mujeres en las faenas agrícolas, tras esta primera gran movilización, no fue suficiente. Las peonadas dejaron de existir y, en consecuencia, muchos terratenientes decidieron echar el cierre a su actividad por la falta de producción presente y futura. La población entró en una crisis económica sin precedentes. La miseria y falta de alimentos, por tanto, eran frecuentes entre las familias que optaron por permanecer en sus poblaciones. Las localidades comenzaron también a perder habitantes, puesto que familias enteras huyeron a las grandes capitales ante el avance sin piedad de las tropas del general Francisco Franco, ya nombrado jefe de todos los ejércitos sublevados.

Juan José era uno de esos muchachos que estaba en tierra de nadie. Con 12 años recién cumplidos, la falta de recursos económicos lo empujó a dejar la escuela y ayudar como jornalero en un hogar donde la familia de Alejandro y Raimunda, sus padres, aumentó con el nacimiento de Valentina. El fallecimiento repentino del progenitor cambió el estatus del aún adolescente. Además, sus hermanos también se vieron obligados a abandonar la escuela para comenzar a trabajar. Era fundamental contribuir a una familia que sopesó la idea de abandonar Santa Cruz de Mudela y poner rumbo a Ciudad Real o Madrid. Al final se optó por permanecer en el pueblo.

Hubo muchos núcleos familiares que decidieron abandonar sus casas acompañados de muy pocos enseres personales. Los más afortunados utilizaron un burro y un carro para la huida, aunque la mayoría se fue andando. A nadie le importó dejar atrás muchos recuerdos coleccionados a lo largo de toda la vida.

La situación de la familia de Juan José se convirtió en dramática. La madre se las ingeniaba todos los días para generar cualquier método que sirviera para que sus hijos pudieran comer, aunque fuera lo mínimo. Desde sopas de ajo, cada vez más aguadas para que cundieran, hasta las mondas de patatas encontradas en la calle. Estas las hervían con la idea de que fueran comestibles. Las crestas de gallo fritas, en un poco de manteca y harina, fueron también un recurso. Eso sí, mientras duraron los tres animales de su propiedad. Incluso hubo un momento en el que se pensó en sacrificar al burro que tenía la familia. La propuesta de Raimunda no fue aceptada por el resto. Los pequeños se echaban a llorar cuando esta idea se ponía encima de la mesa. Ganas nunca le faltaron debido al hambre que estaba pasando la familia en esos momentos. Con Valentina, al principio, no tenía problemas. Aún la amamantaba y la pequeña parecía conforme con las tomas de leche. La madre sabía que esta ya iba escaseando; sus mamas ya no daban la cantidad necesaria y placentera y la hija exigiría la misma cantidad de comida que el resto de la familia. Con el que tenía problemas era con el varón pequeño, Valentín, que no se saciaba nunca. Le gustaba tanto comer que sus hermanos comenzaron a llamarlo "El Pancilla".

La población vivía aquellos días una etapa convulsa a consecuencia del levantamiento militar originado en las Canarias. El pueblo, al igual que toda la provincia de Ciudad Real, se mostró fiel a la República y apagó los brotes de sublevación que se dieron en un primer momento. Las organizaciones políticas fueron las que desde el inicio tomaron el mando y sus bases se estructuraron para aislar a los insurrectos que se levantaron en armas el 18 de julio en la población.
En Santa Cruz de Mudela pasó igual que en el resto de las localidades: se desarmó a la Guardia Civil e incautó el armamento para la población, aunque muchos de los integrantes de la Benemérita juraron fidelidad a la República y resultaron clave, por su experiencia, en el choque que se dio en los primeros días, en el que se sofocó cualquier tipo de desobediencia.

Además de la movilización general de la sociedad civil y de los llamados a filas por reemplazo, los partidos políticos buscaron voluntarios que se pudieran alistar en las milicias. Eso sí, siempre mayores de edad y fuera de las pinzas obligatorias marcadas en la orden dada por el gobierno central.

Era habitual contemplar a milicianos, casa por casa, intentando convencer a muchos hombres para que se incorporaran al ejército. Su argumento era el escalofriante avance de los de Franco por el resto de España y la inminente llegada del fascismo a sus poblaciones.

También se presentaron en casa de Raimunda. Una mañana, dos militantes de la Unión General de Trabajadores llamaron a la puerta. La mujer no tuvo inconveniente en abrir la puerta y salió de la mano con Valentín.

—¿Qué desean?

No esperó las explicaciones de los reclutadores ni, por supuesto, las propuestas que le iban a realizar siempre y cuando hubiera un varón en casa en edad de combatir.

—Aquí no queremos problemas. Nunca hemos sido muy políticos y, la verdad, no queremos meternos en líos.

Ella y su difunto marido, Alejandro, habían participado en las últimas elecciones generales. Nunca escondieron que votaron a la izquierda, al PSOE, pero sin alcanzar un mayor nivel político como para inmiscuirse de lleno en la situación bélica que se daba en España desde hacía algunos meses. El matrimonio siempre argumentó que, al depositar el voto a favor de ese partido, existía la posibilidad de un reparto igualitario de los bienes de la sociedad. Tenían claro que la llegada de la derecha implicaría derogar, por ejemplo, la Reforma Agrícola que tantos beneficios daba al pueblo en materia de empleo. Esta la consideraban vital.

Los milicianos, a pesar de la negativa a escuchar la propuesta, estaban dispuestos a explicar la situación que se vivía. Valentín, aún de la mano de la madre, interrumpió antes de que uno de ellos tomara la palabra.

—Si decimos a Juan José que vaya y así no nos comemos al burro, según ha propuesto usted varias veces.

—¿Te quieres callar, mocoso? Vete ahora mismo para dentro. Raimunda ya sabía que a partir de ese momento se insistiría en captar a su hijo mayor.

La madre miró a Valentín; este se dio media vuelta y entró en la casa. Pensó en el garrotazo que se iba a llevar por mentar al hermano mayor. Ganas no le faltaron de hacer en ese momento.

Los soldados se dieron cuenta de que en esa familia podría empuñar alguien las armas. Parecía una fresa fácil,

—¿Quién es, qué años tiene?

La mujer ya entró en conversación, aunque sin dar muchas explicaciones. Era la primera vez que veía a esa gente por el pueblo e incluso pensó que podría ser una trampa. Ya le habían llegado rumores de que vecinos se delataban entre sí, muchas veces con acusaciones que no iban a ningún lado, infundadas y repletas de mala fe. La pelea por las lindes prevalecía y estas se mezclaban con temas ideológicos.

—Mi hijo. Tiene 17 recién cumplidos. A él tampoco le gusta mucho la política y se conforma con seguir trabajando en el campo.

El diálogo pareció llegar a su fin. Creyó cortada de raíz la propuesta de incorporación de su hijo. Por sorpresa, antes de cerrar la puerta y que los milicianos se marcharan, apareció el joven. Parecía mayor de la edad que tenía y medía cerca de los dos metros de altura.

—Nada, otro día más sin trabajo. El capataz del campo ha dicho que hoy con dos personas tiene suficiente. Me ha comentado que vuelva mañana por si hay algo, pero no lo garantiza.

Al mayor de la familia no le importó que los afines a la República estuvieran delante. No los conocía y tampoco importaba decir que otro día más se viviría en la miseria. Al fin y al cabo, esa situación no era solo de ellos, sino generalizada en todo el pueblo y la provincia.

En ese instante, uno de los milicianos reaccionó y comentó que se estaba proponiendo al resto de personas de quinta.

—No tienes edad de combatir y, por supuesto, aún te queda mucho tiempo para que te recluten de manera obligada. Si te presentas voluntario, cobrarás a diario y podrás traer dinero a casa sin necesidad de buscarte la vida sin recompensa ninguna, como te ha pasado hoy.

El adolescente respondió de manera ágil. Era la primera vez que escuchaba la propuesta y no tenía constancia de que estas se hacían en el pueblo. Cortó de raíz el intento del soldado.

—No, no me interesa. Soy un jornalero de campo y me gustan mis labores. Me da igual recoger aceitunas, podar árboles o sembrar trigo. Así ha sido toda la vida y espero seguir haciéndolo.

Los reclutadores estaban acostumbrados a recibir ese tipo de contestaciones y siempre tenían preparada la misma respuesta. Era automática para todos los que presentaban evasivas y dudas. Se demostró que no era la primera vez que lo hacían.

—Tú te lo piensas. Si te decides, la caja de reclutamiento la tenemos instalada en la Casa del Pueblo. Por último, te comento que la República necesita gente fuerte como eres tú. España está en peligro y los fascistas vienen empujando y arrasando todo en el camino. Quieren acabar con las libertades.

Fueron mucho más allá, casi tocando el lado más sentimental y, a la vez, peligroso de la situación actual en la que se vivía. Querían convencer al joven a toda costa.

—Te recuerdo que nuestras mujeres están muy expuestas. Las tropas moras, que vienen desde Marruecos apoyando a Franco, tienen permiso para saquear las casas y violar a madres, hermanas, hijas... Quieren ejecutar una política de tierra arrasada. Están dispuestos a humillar y matar si no acceden a sus horribles y sádicas peticiones.

El discurso estaba aprendido de memoria. Los milicianos, ante el poco interés de Juan José, llamaron a la puerta colindante de la casa de Raimunda. Esta cerró la suya, no sin antes obligar a su hijo mayor a entrar en casa.

El joven se dirigió al minúsculo pajar que tenía la casa y comenzó a limpiar al burro. En un momento dado, los dos pequeños entraron. Sabían que su hermano haría de todo para que se entretuvieran. Valentina parecía aburrida y Valentín se dispuso a coger la escoba para ayudar y recoger las necesidades dejadas por el animal la noche anterior.

—Queremos jugar.

Los niños sabían que su hermano mayor era el único que les hacía pasar bien el tiempo. Sin embargo, este pagó con ellos la situación que se había dado esa mañana en el campo. Estaba enfadado por no echar una peonada que sirviera para conseguir alimentos para la casa.

—No tengo el cuerpo para juegos. Por favor, dejadme en paz, que hoy no ha sido un buen día.

Valentín y Valentina se miraron. Nunca habían le habían vistoasí de triste y con tan pocas ganas de dar diversión. El varón pequeño quiso saber el motivo. No reconocía la actitud mostrada, puesto que siempre les sacaba alguna sonrisa incluso en los peores momentos. Se lanzó de corrido y sin dudar.

—¿Estás enfadado por esos hombres o con madre? ¿Te hemos hecho algo nosotros? ¿Por qué no quieres jugar? ¿Nos dices un cuento mientras te ayudamos?

Juan José no contestó, pero ante la insistencia hizo saber su sentimiento.

—Estoy enfadado con la vida que nos ha tocado por la falta de alimentos. No sé si os dais cuenta de que estamos en la miseria. Venga, iros, tengo que seguir limpiando a Jacobo. Como sigamos así, habrá que hacer caso a madre y sacrificar.

Los pequeños corrieron a abrazarse a las piernas de su hermano y se echaron a llorar de manera desconsolada.

—No, al burro, no.

Expresaron su negativa a deshacerse del animal y salieron corriendo en busca de la madre para comentárselo. Estaban desconsolados.

Raimunda preguntó qué pasaba y los motivos por los que lloraban. Los calmó, aunque esa situación ya la había contemplado e interiorizado cada vez que faltaba comida en la casa. Estaba segura de que sería una solución inmediata para acabar con la hambruna de la familia. El sacrificio de Jacobo solo paliaría esto durante algunas semanas, no más allá. A pesar de contemplar la idea durante mucho tiempo, esa posibilidad la negó delante de sus hijos. Quitó hierro al asunto por el comentario de Juan José e Intentó disimular. En el trasfondo coincidía con él, y más ese día en el que no entró nada de dinero en casa. Camilo y Alejandro también fracasaron en el intento de que les dieran una peonada en la tejera que ya, en esos momentos, era destinada por el ejército republicano a construir grandes bloques de arcilla con los que poder contener a los enemigos en el frente de batalla.

Quiso dejar las cosas claras para que los niños no se preocuparan.

—Son tonterías. Hablaré con él y le diré que deje de asustar. Además, aquí mando yo y el animal no se toca porque es uno más de la familia. Lo compró vuestro padre y estará con nosotros hasta que yo quiera.

Valentín y Valentina se tranquilizaron y fueron a buscar a Concha. Esta se encontraba arreglando unos pantalones de Camilo. Debido a su crecimiento, se les habían quedado pequeños e iban a ser heredados por Alejandro. Esta sí procedió a dar juego a los niños y les instó a apostar quién conseguía meter primero un hilo en las agujas de coser.

Durante el juego, con el que por fin se entretuvieron, Valentina preguntó a su hermana si sabía por los motivos del enfado de Juan José. Esta tenía 15 años, pero era muy madura para su edad. Contestó con evasivas, sin dar la mayor importancia al estado mostrado por su hermano.

—Cosas de hombres. A mí me da que se ha enamorado. Por eso, no le preguntéis más. ¿Entendido?

—De acuerdo, será nuestro secreto.

Valentina también consideró la conversación un juego, a la vez que se le escapó una sonrisa pícara. Por fin estaba entretenida y dejó de pensar en las palabras en el patio acerca del burro.

El día se echó encima. Raimunda apañó el almuerzo de esa jornada con una pipirrana típica de la localidad. Una vecina le hizo llegar algunas lechugas y un par de tomates del pequeño huerto que tenía en casa. Al escasear el aceite, la aliñó con limón exprimido.

A la comida faltó Juan José. Este se mostró pensativo desde la visita de los milicianos y decidió ir a buscar algo de comestibles para la cena. Obtuvo pan duro con la idea de apañar unas sopas de ajo para dos días; así las guisaba su madre para tener un cierto remanente por si escaseaba el dinero. Cargado con un saco, donde metió lo encontrado, puso rumbo a San Roque, un alto desde el que se dominaba y contemplaba todo el pueblo. Él no era creyente, pero tenía la costumbre de subir hasta allí. En el pequeño monte se ubica una ermita y unos bancos exteriores y, siempre que quería tomar alguna decisión, se presentaba allí. Daba igual que hiciera frío o calor.

Sentado en un banco, se encendió un cigarro de cáñamo que se utiliza para dar de comer a los pájaros. Tenía un amigo que se lo proporcionaba y pagaba con él cada vez que reclamaba mover sacos, además de llevarse siempre algunas monedas que aportaba a la economía familiar.

Se lió el cigarrillo y lo encendió. Esperaba que fumárselo le ayudaría a aclarar las cosas. Allí se pasó varias horas, casi hasta que la luz del día se fue apagando. Pensó en su madre, en el burro, la mala respuesta dada a sus hermanos. Sin embargo, lo que más se le pasaba por la cabeza era la oferta de los milicianos y la disponibilidad de apuntarse al ejército como voluntario.

En esas horas dio mil vueltas a todo e intentó buscar soluciones. Ni un segundo cigarro le abrió la mente y decidió volver a casa para que su madre no se preocupara. Además, el pan que portaba, ya muy duro, tenía que estar en remojo, en abundante agua, si al día siguiente querían comer todos sopas de ajo.

No tardó mucho en regresar a la casa. Los pequeños, como siempre, se lanzaron sobre él. Siempre repetían la misma escena cuando llegaba. Pensó que no debería ser arisco y se dispuso a jugar un poco con ellos. Cenaron y fueron desfilando hacia la cama. Los pequeños cayeron enseguida dormidos, mientras que el resto se introdujo en sus habitaciones para intentar descansar. Ayudó a su progenitora a cerrar la casa y se despidió dando un beso a su madre.

—Buenas noches y que descanse.

# CAPÍTULO 4. HAMBRE

La noche se hizo eterna y la cabeza no le dejó de dar vueltas. No dejaba de pensar en el día anterior, pero más en las calamidades que seguía pasando la familia.

Ya no aguantó más en la cama. Se levantó. Eran las cinco y media de la mañana cuando comenzó a vestirse. Hizo el menor ruido posible, ya que Camilo, Alejandro y Valentín compartían habitación con él y dormían ajenos a la situación que él vivía.

Lo último que hizo antes de cerrar el dormitorio fue dar un beso al más pequeño que, junto a Valentina, eran su gran pasión. En un instante se le pasó por la cabeza el mal comportamiento que tuvo con ellos el día anterior y prometió no repetir. Era consciente de que ninguno de los dos tenía la culpa.

No quiso alterar a nadie, pero, nada más llegar al salón, se encontró con la madre despierta. Dormía allí desde que su marido, Alejandro, falleció. Se consideraba la protectora de la familia y, por eso, velaba todas las noches en el sillón que la fabricó como regalo de bodas. Se dio cuenta de su presencia.

—Hijo, ¿dónde vas tan pronto?

—Voy a intentar llegar al campo cuanto antes y buscaré alguna peonada. Ayer por la tarde me dijeron que cerca de Las Virtudes hay un sitio donde todavía se está recogiendo la aceituna. Espero tener suerte.

Quiso dar un poco de confianza a la madre. Pasó a la cocina para calentar un poco de agua para mezclar con posos del café que se llevaban consumiendo algunos días.

Raimunda guardó silencio, aunque sus ojos se comenzaron a llenar de lágrimas. Por dentro estaba maldiciendo la situación que se vivía y se apenaba de él. Se cercioró de que había tomado una responsabilidad de cabeza de familia que no era propia de su edad.

El joven entró en el salón y se acercó a la madre para despedirse. Le dio un beso en la mejilla; siempre hacía este ritual cada vez que salía de casa. Las lágrimas ya le estaban llegando a la comisura del labio superior, pero evitó que Juan José se diera cuenta. No quería que la invadiera la tristeza. Se despidió a la vez que se colocó una boina en la cabeza, la misma que heredó del padre y que llevaba el día en que falleció en pleno campo mientras recogía aceitunas.

—Que tenga un buen día, madre.

—Gracias.

Su primerizo abandonó la casa y ya no pudo reprimir el llanto provocado por la tensión e impotencia. Intentó que no se le escucharan los sollozos. Bebió un poco de agua y se echó a dormir un rato más, ya que Alejandro y Camilo se levantarían en breve para intentar buscar trabajo en la tejera.

Juan José tomó el camino hacia Las Virtudes. Le esperaban unos cuantos kilómetros para llegar hasta allí. Pensó que podría haber utilizado el burro, aunque se convenció de que era mejor que estuviera a buen recaudo por si se tenía que emplear para cualquier urgencia familiar. Durante el trayecto, se encontró con varios camiones de milicianos que viajaban en dirección a Madrid ante la urgencia de los acontecimientos. Franco realizó un intento de ocupar la capital por la vía rápida y el gobierno republicano le paró en seco debido a que muchas columnas, sobre todo de voluntarios de partidos políticos, acudieron a la señal de socorro. Escuchó por primera vez el "No pasarán" y "Muerte al fascismo". Le llamó la atención contemplar tantos militares, pero no se paró a pensar mucho en ello. Su objetivo era otro y aceleró el paso hacia el campo donde le habían dicho que aún se recogía la cosecha de aceitunas.

Al llegar, el ambiente era desolador. Nadie en la finca que mandara y organizara cuadrillas y, mucho menos, que contratara. El campo estaba en total abandono y solo se encontró a alguno de sus paisanos que también se habían desplazado hasta allí con las mismas intenciones. Se dio cuenta de la situación e hizo igual que los demás. Desplegó un saco que tenía atado a la cintura y comenzó a coger aceitunas hasta llenar. Ya no había nada más que realizar y, a la par que mucha gente del pueblo, sobre todo mujeres, se dio media vuelta con destino a Santa Cruz. En dos horas poco fruto recogió. Había una gran competencia con personas que rebuscaban debajo de los olivos.

El camino de vuelta ya lo efectuó de día. Le acompañó Felisa, una vecina de una calle cercana a su casa. La mujer comenzó la conversación, para después ofrecer un poco de agua al chico.

—La situación está mal, ¿verdad?

—Sí, a este paso nos moriremos de hambre. Espero que todo acabe cuanto antes.

El chico quiso ser educado y se mostró esperanzado. La verdad es que no tenía muchas ganas de entrar en conversación. Felisa sí tenía ganas de hablar.

—Nos vamos a quedar sin hombres en el pueblo. ¿Te has fijado en quién está yendo al campo a recoger la poca aceituna que ha sobrado? Solo mujeres. Todos los varones disponibles mayores de edad están en el frente. Mi marido ha recibido el reclutamiento forzoso y esta mañana ha partido para Madrid. Menos mal que le pagan. Con lo que él gane y yo haga, tiraremos hacia adelante. Menos mal que no tenemos hijos que alimentar.

El chico continuó en silencio, mientras que la mujer no paró de hablar. Su mente estaba en las pocas aceitunas que recogió y la utilidad que la madre podría hacer con ellas. Anhelaba, además, que Camilo y Alejandro hubieran tenido algo más de suerte.

Llegaron juntos hasta la plaza del Ayuntamiento. Se separaron y cada uno tomó un camino distinto para llegar a su casa. El joven rodeó el Consistorial, pero al doblar la esquina, para dirigirse a su calle, se topó con un militante de la Unión General de Trabajadores encargado en el pueblo de reclutar voluntarios para el frente. Se saludaron con la cabeza y ambos pasaron de largo.

A cuatro metros del encuentro, el sindicalista se dio media vuelta y se dirigió a Juan José.

—¿Cómo va la vida? ¿Has podido trabajar hoy? Estos cabrones fascistas nos están llevando a la ruina por esta puta guerra que han provocado.

Creyó que era mejor no responder, aunque el reclutador insistió.

—Presiento que tu familia pasa hambre, ¿verdad? Vente conmigo a la Casa del Pueblo y te doy algo para que salves el día. Si mañana tampoco encuentras trabajo, te acercas por aquí a la misma hora. ¿Te parece?

—Sí.

La contestación del joven no fue dubitativa. En el momento en el que escuchó la palabra comida, se mostró más receptivo.

Caminó detrás del hombre hasta entrar en el lugar de reunión de los socialistas del pueblo, convertido en caja de captación y centro de infraestructuras y abastecimiento para los soldados que salían en dirección al frente.

—Abre el saco.

El reclutador se dirigió a Juan José. Minutos antes, entró en una de las habitaciones del centro que estaba cerrada a cal y canto. Incluso un miliciano vigilaba la puerta con el objetivo de que nadie entrara. Salió cargado con algunas cosas.

—Aquí tienes un par de ranchos. Son los que se dan a diario a los milicianos. No es mucho, pero ayudará.

Se quedó sin palabras por el regalo. Agradeció el gesto a este individuo con el que coincidía por primera vez en su vida y salió de la Casa del Pueblo. Se echó el saco a la espalda y llegó al hogar. La madre no se encontraba en esos momentos. Esa jornada fue ella la que llevó la comida a Alejandro y Camilo a la tejera, tenían peonada. La acompañaron los más pequeños. El tajo estaba lejos y tardaron cerca de una hora en trasladar las dos tarteras y un botijo de agua fresca.

Abrió el saco y depositó los ranchos encima de la mesa. Los mezcló con las aceitunas que recogió en el campo al amanecer. Concha y María llegaron las primeras. Ese día también tuvieron suerte, al ser reclamadas para la limpieza de uno de los colegios destinado a recopilar ropa para el ejército. Vieron la comida, pero no preguntaron al hermano por la procedencia.

Raimunda llegó, por fin, a casa y vio los alimentos encima de la mesa del salón. No era mucha cantidad. Pensó que si la racionaba bien, duraría para dos días. Había café en grano y pensó que le colaría hasta que no tuviera color ni sabor, aunque serviría para calentar el cuerpo en las mañanas frías que se daban en aquel momento del año. Dio gracias porque matarían el hambre por algunas horas.

Antes de llevar la comida a la despensa, se dirigió al hijo mayor. No advirtió que en todas las latas estaba impreso el logo del Ministerio de la Guerra de la República. Era lo único que reconocía, pues no sabía leer ni escribir. Quiso conocer la procedencia de la comida.

—¿De dónde ha salido?

Juan José no dudó. Comentó la procedencia y el significado para la familia.

—De los milicianos. Me han dicho que, si necesito más, vaya mañana. Lo haré, madre. Pedir no es delito. La situación es mala y tenemos que aceptar todo. Además, es gratis.

Raimunda asintió con la cabeza, aunque no le gustaron las palabras dichas por su hijo. Prefería pasar hambre antes de que nadie de la familia se metiera en líos. La teoría quedó en segundo plano tras ver de nuevo la comida encima de la mesa. Siendo un poco egoísta, si el hijo recibía alimentos sin dar nada a cambio, pues no haría ascos y la aceptaría de buen grado. Era la supervivencia.

65

# CAPÍTULO 5. SAN ROQUE

La noche fue pasada por agua. La tormenta era fuerte y, en algunas ocasiones, zarandeó los cristales de la habitación de Juan José. Este se despertó por la violencia de los truenos.

Intentó dormir de nuevo, pero era imposible. En esos momentos pensó en si sus hermanos y madre estarían bien. Hacía tiempo que había detectado algunas goteras en las habitaciones y en el salón. Habitualmente necesitaban cubos en el suelo para la recogida del agua. Se acordó también del asno. El animal no tenía sitio para resguardarse cuando llovía.

—Jacobo es el que lo estará pasando mal.

Un fuerte trueno sacudió de nuevo el negro cielo de Santa Cruz de Mudela y escuchó un golpe procedente del patio. Se levantó de la cama y corrió cuanto pudo para saber qué pasaba.

La madre que, al dormir en el salón, también se asustó y presentó antes que el hijo. El burro, muy nervioso, empezó a dar coces a todo el mobiliario. Una despensa se había caído al suelo, lo que provocó el ruido anterior. Intentaron calmar al animal, pero antes el joven mandó a Raimunda a que se abrigara por el frío que hacía. Él había cogido una rebeca y, por tanto, pensó que aguantaría un poco más la gélida temperatura.

—¡Qué mal lo debe estar pasando el hombre! —pensó en el animal. Este gemía por los rayos y truenos. La madre tardó apenas unos segundos en estar a su lado y comenzaron a recoger los desperfectos. Vio a su hijo sin muchas ganas de hablar.

—Veo que has pasado mala noche. ¿Qué te preocupa?

El joven tenía la cara demacrada, síntoma de no haber dormido mucho.

—Pues qué quiere que le diga. La situación es difícil y ya puede observar cómo está el pueblo. No hay nada que echarse a la boca.

La madre asintió con la cabeza con un gesto de aprobación. Era consciente de las estrecheces que estaban pasando y de los intentos de sacar a la familia adelante.

—Lo sé. Es una mala época la que nos ha tocado vivir.

Eran palabras de resignación. El burro se alteró de nuevo por un nuevo trueno y acabó de romper la despensa del patio. La lluvia no cesaba de caer. Calmaron a Jacobo y se metieron en el salón.

Juan José instó a la madre a que descansara algo más.

—Intente dormir un poco más, que dentro de unas horas debe despertar a Camilo y Alejandro, que ayer me dijeron que tendrían peonada hoy en la tejera. Cuando amanezca, buscaré algún apaño para la despensa. Diré a mis hermanos que pregunten si les podrían dar recortes de tejas y así poder tapar las goteras una vez que descampe.

Raimunda intentó cerrar los ojos, pero al poco tiempo se dio cuenta de que su hijo ya estaba vestido. Tenía intención de salir a la calle. Estaba preocupada.

—¿Dónde vas con la que está cayendo? Vas a coger un resfriado que no te vas a poder mover de la cama.

A pesar de ser las tres y media de la madrugada, el olor a café salía del puchero puesto a cocer por Juan José.

—Necesito respirar y tomar aire fresco. No se preocupe, llevo un par de sacos. Es por si me encuentro algo para traerme a casa y taparme si la lluvia arrecia de nuevo.

Salió por la puerta sin rumbo ni destino. Anduvo unos minutos. Las calles estaban desiertas. Su intención era ir otra vez camino de las Virtudes, donde esperaba que con la tormenta hubiera menos gente. Si cogía más de la cuenta, pues se venderían o cambiarían por otro alimento. Ya lo había hecho en otras ocasiones. La lluvia arreció.

Cuando llegó al camino que lo dirigía al campo, se encontró de frente con dos milicianos. Le dieron el alto, se acercaron y alumbraron la cara con un pequeño candelabro. Iban armados.

—¿Dónde vas con la que está cayendo, "Pajarito"? —se dirigió uno de los milicianos a Juan José. Era del pueblo porque se refirió a él con el mote que tenía su padre y que heredó la familia entera.

—Ya ves, a intentar buscarme la vida. Quiero rebuscar por Las Virtudes siempre y cuando haya alguna aceituna, pues la gente está arrasando esa zona porque el resto de los campos están secos — terminó por explicar la situación real en la que se encontraban las familias por la guerra.

La patrulla hacía un gesto de aprobación.

—A pesar de la lluvia, hemos visto que grupos de gente se dirigían allí. Espero que tengas suerte.

Los tres siguieron su camino. El joven decidió desenrollarse un saco, de los que tenía atado en la cintura, para ponérselo de gorro e intentar evitar, como mal menor, mojarse la cabeza. El resto del cuerpo estaba empapado y las alpargatas llenas de barro. Al llegar al campo, dejó de llover. La noche era oscura, pero él ya sabía que era buscar sin luz. Eso sí, esta vez la cuestión era más difícil, puesto que el suelo era un barrizal enorme que confundía las aceitunas con las piedras. Con todo ello, a las dos horas de estar allí ya no había mucho más que extraer por tanto lodazal. Decidió marcharse con un saco lleno cuando la gente empezó a aparecer a rebuscar el sobrante, si es que algo ya pudiera encontrar. El camino de vuelta fue similar. Tenía pinta de que no iba a dejar de llover en todo el día y, con el amanecer, la humedad se convirtió en un frío intenso.

Nada más llegar al pueblo, se dio cuenta de que era pronto para volver a casa. Buscó en algunas cajas que se encontró por las calles, por si alguien había dejado restos que se podían aprovechar. No hubo suerte. Cuando ya enfiló la calle que le dirigía a su hogar, muy cerca de la iglesia de la Asunción, un rayo cayó sobre el pueblo. Antes del gran trueno que se preveía, iluminó todo el cielo, incluida la Ermita de San Roque, que está en el alto del mismo nombre y se puede divisar desde cualquier punto de la población.

Un lugar de culto para los creyentes, aunque nunca lo consideró como tal. Solo le gustaba subir, de vez en cuando, y mirar la extensión del pueblo. Allí empezó a liar los primeros cigarros a escondidas de la madre, aunque ya hacía mucho tiempo de ello. Pudo observar hasta la cal blanca con la que estaba pintada. Era similar a si hubiera recibido una llamada y decidió emprender camino hacia allí. Se encontraba en el alto de una colina, pero no tardaría en llegar. El saco que llevaba en la espalda no pesaba mucho y podría subir sin impedimentos y con comodidad.

En un momento dado, pensó que, si alguien le veía, le considerarían un loco. Daba igual, ya que le apetecía estar allí y presenciar el amanecer a pesar de la intensa lluvia. Para ello, se sentó en uno de los bancos de madera, ubicados en un lateral, que estaban muy defectuosos desde hacía mucho tiempo. Este estaba debajo de un tejadillo y allí la gente se refugiaba del excelso sol que pegaba siempre en verano.

El alcalde republicano que había en esos momentos en Santa Cruz de Mudela intentó arreglar los bancos y fue imposible. El regidor, en su afán de repararlos, consultó con los mejores carpinteros que había en esos momentos dentro de la población, pero no encontró madera similar y acorde con la última reconstrucción de los mismos. En 1834, según rezaba en un cartel, se produjo la modificación de la ermita, tras ser destruida por los franceses durante la guerra de la Independencia.

Juan José se resguardó y se quitó el saco de la cabeza. Además, se desabrochó las alpargatas. Las llevaba empapadas, al igual que los dobles pares de calcetines que portaba.

Dio tiempo a mirar el otro saco, en el que iban las aceitunas.

—Estas las venderemos.

Pensó en obtener algún dinero por ellas. Las que llevó el día anterior, seguro que la madre ya las aliñó para hacerlas comestibles. Las olivas y un poco de pan se convirtieron muchas veces en la cena. Toda la familia se acostumbró a ello.

Pese al frío y la lluvia, se sentó en su acomodo preferido. Un año antes, incluso, había marcado sus iniciales con una pequeña navaja. Pensó que le pertenecía, sobre todo porque siempre estaba vacío en el momento en el que él decidía subir hasta la ermita.

Se echó mano al pantalón y buscó los cáñamos para liar el cigarrillo. Tuvo suerte de que estaban secos, al igual que el papel y las cerillas para encenderlo. Una ráfaga de viento se le vino encima de manera inesperada y usó tres fósforos hasta producir fuego y echar la primera bocanada. Ya con el cigarro en la boca, se frotó las manos para calentarse, al igual que hizo con los pies. Estos estaban empapados.

Con el primer humo expulsado de la boca, empezó a preguntarse en voz alta muchas de las cosas que no encontraba con explicación ni respuesta.

—¿Por qué la maldita guerra?

—¿Por qué este grupo de generales se había levantado en armas?

—¿Por qué tanta hambre y miseria?

—¿Por qué esta pelea iniciada entre hermanos?

Muchas interrogantes y pocas respuestas. Tenía claro dos cosas: la gente, su familia, se estaba muriendo de hambre, eso que solo habían pasado algunos meses desde que empezó la guerra, y que esta se hubiera gestado por razones ideológicas. Él, con 17 años, era consciente de que sus padres votaban a la izquierda. Pensó que daba igual que otros hubiesen hecho al contrario, a la derecha, si en esos momentos se viviese en paz.

Acabó el cigarro. Ya era de día y se dispuso a ponerse las alpargatas para bajar al pueblo. Seguía lloviendo y, por tanto, la faena o búsqueda de trabajo se había acabado. Pensó en qué haría al llegar a casa.

—Si deja de llover, subiré al tejado a revisar los desperfectos. Confío en tener algo en el patio para poder taparles —dijo en voz alta, a la espera de que sus hermanos tuviesen suerte y consiguieran las deseadas tejas.

—También miraré si puedo arreglar los desperfectos del patio. Espero que Jacobo esté más tranquilo. Si Valentín y Valentina no han ido al colegio, les diré que me ayuden y así les entretendré un poco —continuó mientras se echó el saco a la espalda y se colocó otra vez el otro en la cabeza para taparse de la fina lluvia que aún caía sobre Santa Cruz.

En una de las paradas de bajada al pueblo, echó el saco al suelo. Abrió el mismo e hizo un gesto de aprobación, pensando en la futura recompensa. Otra vez pensó en que eran muchos para comer y se acordó del miliciano que el día anterior le dio los ranchos y dijo que volviera si no encontraba trabajo. No parecía que era la misma hora y decidió regresar a casa.

—Buenos días, madre.

—¿Cómo ha ido? Está lloviendo bastante, ¿verdad? Voy a despertar a los pequeños. Una vecina me ha dicho que el colegio sigue patas arriba, ya que se va llenando de mucho material. Me comenta que de guerra. Vamos, que se están cambiando pupitres por pistolas. Raimunda alzó la voz por el ambiente bélico que se estaba viviendo en esos momentos.

El joven asintió con la cabeza y mostró la preocupación.

—Sí, madre. Sé lo que usted de política, que es poco o nada; solo soy consciente de que son de izquierdas porque ustedes me lo han dicho, pero, si le soy sincero, no entiendo que haya militares que decidan acabar con la voluntad del pueblo que ha resuelto que gobierne el Frente Popular.

—Estoy de acuerdo, Juan José.

En ese momento aparecieron los dos pequeños por el salón, que se auparon a los brazos del joven, pasando de largo de la madre.

—¿Has traído comida?

Le preguntó Valentín tras besar al hermano en la mejilla.

—No, solo unas aceitunas. Cuando madre las aliñe, ya verás qué buenas van a estar. Venga, a desayunar— indicó el hermano mayor, a la vez que les apuntó que le ayudarían a arreglar el deterioro ocasionado por el burro.

Raimunda preparó leche caliente con pan duro para los niños y ofreció a Juan José sopas de ajo del día anterior, con el objetivo de intentar paliar el efecto de la fría y dura mañana.

—Cámbiate, que estás empapado. Te sentarán bien.

Después de comer, los tres hermanos se fueron al patio. El burro ya estaba más tranquilo y evaluaron las taras.

—¡Jacobo, la que has liado! — dijo Valentina, mientras que el Juan José comenzó a recoger los pedazos de muebles esparcidos por el patio.

—Vamos a arreglarlo. ¿Os atrevéis?

 Tenía la intención de entretenerlos a cualquier precio.

—Sí— contestaron los niños, a la vez que Valentín se encargó de traer una diminuta caja de herramientas, herencia del padre.

Mientras que clavó como pudo las maderas, no dejó de estar pendiente de la hora en la que saldría dirección a la Casa del Pueblo.

Llegado el mediodía, dio por finalizados los arreglos del patio. Dejó de llover y se calzó las alpargatas que la madre puso a secar cerca del caldero.

—Salgo a un recado, no tardaré en volver.

Raimunda se quedó un poco desconcertada, pues no era de las personas a las que les gustaba mucho salir por la calle. Todo lo contrario, resultaba muy hogareño para un joven de su edad.

Se dio varias vueltas antes de entrar en la Casa del Pueblo. Allí había mucho trasiego de gente. Unos hacían fila para apuntarse como voluntarios, tras inscribirse en la caja de reclutamiento. Otros, ya con la ropa de milicianos, se prestaban a mover bultos y cargarlos en los camiones que irían en dirección al frente, previo paso por el colegio.

Tardó unos minutos en encontrar al reclutador, al que localizó sentado en una de las mesas, apuntando la filiación de los nuevos milicianos que le tapaban.

—Hombre, tú por aquí. Sabía que vendrías. En ese momento se levantó de la mesa y se dirigió a una sala anexa en la que se depositaban los ranchos para las tropas.

—Hoy te he podido conseguir tres. Espero que los disfrutes con toda la familia. ¿Has logrado algo por tu cuenta?

El reclutador quiso conocer cómo le había ido aquella mañana en el campo. Le explicó la situación que se había encontrado.

—Unas pocas aceitunas, señor. Más que ayer, pero ya quedan menos. Ha llovido mucho y el barro las está tapando.

El captador se dio la vuelta tras escuchar a Juan José y volvió a la mesa. El joven, a la vez, demoró un poco la marcha porque esta vez no tenía sacos. Se encontró una caja e hizo malabarismos para que todo cupiera y, encima, que no se mojase, que tamb-ién era fundamental.

En el último momento, en el que recogió la caja y se la colocó entre la cadera y el brazo derecho, escuchó una conversación sobre la oferta que se realiza para captar a nuevos combatientes.

—Comida diaria.

—Ropa y mantas.

—Dinero en efectivo que se abona todos los días y que tú decides a quién se le da.

—Tabaco.

—Cualquier herida será recompensada y te vuelves. En este caso, cobrarás la mitad.

—Dinero para tu familia en el caso de que tengas un contratiempo mortal.

—Todo con el aval de la República, que nunca abandonará a los que luchen porque se establezca el orden y se pare al fascismo.

El captador dijo las condiciones de carrerilla y, para finalizar, bromeó con el interesado.

—Si eres capaz de cargarte a Franco, te nombrarán ministro honorario de la República y tendrás una pensión vitalicia para ti y los tuyos.

Ello provocó la risa del individuo que estaba recabando información.

Juan José escuchó las condiciones con disimulo y, tras ello, salió en dirección a casa. Su madre y hermanos le volvieron a felicitar por la comida conseguida y se lanzaron a darle besos y abrazos. La madre pensó otra vez en dosificar todo.

—Con unas cosas y otras tendremos para cubrir el resto de la semana. Me voy a casa de la vecina, que se ha interesado por las aceitunas.

Alejandro y Camilo llegaron ya por la tarde y trajeron dinero en efectivo, que serviría para comprar pan, leche y velas tan necesarias en la noche. Ese día, cenaron juntos y desfilaron a la cama con más optimismo que en otras jornadas. Además, no estarían a oscuras, al igual que había sucedido los tres últimos días.

# CAPÍTULO 6. SUEÑOS

Juan José no se tardó mucho en dormir. La noche anterior no pegó ojo por culpa de la tormenta y entró en un profundo sueño. Compartía habitación con Camilo, Alejandro y Valentín. Dos camas para cuatro personas y el pequeño se acostaba con él. Siempre ponía la excusa de que los otros dos hermanos le daban patadas de noche y que acababa en el suelo.

El sueño profundo duró dos horas. Empezó a llover de nuevo, como en la noche anterior, y el agua azotó de manera violenta la ventana debido a las fuertes ráfagas de viento.

El pequeño se comenzó a mover mucho en la cama y el joven se despertó. Cuando el sueño le desaparecía, se daba media vuelta y abrazaba al pequeño, no sin antes besarle en la mejilla. Así volvía a quedarse dormido.

Sin embargo, esta vez no consiguió conciliar el sueño y comenzó a dar vueltas a lo ocurrido en la Casa del Pueblo. Una y otra vez se le pasaba por la mente la estampa que presenció en la caja de reclutamiento y las palabras del captador hacia el individuo que buscaba información para alistarse al ejército republicano.

—Comida diaria.

—Ropa y mantas.

—Dinero en efectivo que se abona todos los días y que tú decides a quién se le da.

—Tabaco.

—Cualquier herida será recompensada y te vuelves a casa. En esta situación, cobrarás la mitad.

—Dinero para tu familia si tienes un contratiempo mortal.

—Todo con el aval de la República, que nunca abandonará a los que luchen porque se establezca el orden y se pare al fascismo.

Estas frases retumbaban en su cabeza. Incluso podía describir la cara y los gestos del reclutador mientras las recitaba, al igual que el individuo que recibía la información. Este era conocido, paisano de Santa Cruz, con el que se había encontrado alguna vez en el campo.

Quiso dejar la mente en blanco e intentó dormir de nuevo. El agua caía cada vez más fuerte y resultó imposible. Sus pensamiento otra vez se trasladaron a la mañana anterior. Esta vez no se centró en el captador, sino en las conclusiones de su presencia en la caja de reclutamiento. Era imposible que más de dos días seguidos le dieran comida y que la situación en la familia continuara igual que en jornadas anteriores.

Otra vez analizó cada palabra y comenzó a dar sus respectivas respuestas. Lo hizo en voz baja para que Valentín no se despertara. Este estaba muy intranquilo, posiblemente por el ruido de la fuerte lluvia. Empezó a responder cada frase que escuchó y a valorar lo que supondría para la familia dar el paso de alistarse a las milicias.

—Comida diaria.

—*Quito una preocupación a mi madre y sería una boca menos que alimentar. Mi ración la podría repartir entre el resto de la familia, sobre todo para Valentín y Valentina.*

—Ropa.

—*La de vestir que tengo se la podría poner Camilo y, más tarde, Alejandro. Mis hermanas son capaces de arreglar y adaptar a la talla que necesitaran en cada momento.*

—Dinero en efectivo que se abona todos los días y que tú decides a quién se le da.

—*Mi madre cubriría con esto las necesidades del resto de la familia sin estar mendigando. Podrá comprar los artículos que alguna vez escasean en casa: pan, leche, legumbres, algo de carne...*

—Tabaco.

—*Fumo, pero eso me importa menos. Me podría quedar con una parte y vender el resto para sacar algún dinero extra que pudiera ayudar. Siempre hacemos esto con las aceitunas que cogemos cuando ya están caídas del árbol.*

—Cualquier herida será recompensada y te vuelves a casa. En esta situación cobrarás la mitad.

—*Mejor no lo contemplo, puesto que se ganaría menos que en el frente.*

—Dinero que ingresa tu familia en el caso de que tengas un contratiempo mortal.

*—La dejaría bien arropada, pero soy muy joven para pensar en la muerte. Además, mi padre me encomendó, desde que yo era pequeño, cuidar de esta si alguna vez faltara. No estoy dispuesto a defraudar la palabra que le di.*

—Todo con el aval de la República, que nunca abandonará a los que luchen porque se establezca el orden y se pare al fascismo.

*—Aquí no tengo dudas. Conozco el sistema y sé que responderá. El fascismo seguro que nos puede generar problemas. Han pasado el límite con echar al ejército en contra del gobierno.*

Repasó una y mil veces las ofertas y sus pensamientos sobre ellas. A cada una de sus propuestas, una valoración. En un momento, hasta le hizo gracia la broma que gastó a la persona que se pretendía alistar.

*—Si eres capaz de cargarte a Franco, te nombrarán ministro honorario de la República y tendrás una pensión vitalicia para ti y los tuyos.*

—Espero ser yo si se da el caso. Así se acabará cuanto antes la guerra y volverá la paz.

El joven se señaló, en esos instantes, como el elegido e imaginó alzado en hombros por el resto de sus paisanos. Ese sueño sí era de su agrado.

Ya había perdido la cuenta de las veces que pensó en aquel momento en la Casa del Pueblo. Quiso contemplar los pros y los contras. Llegó a una conclusión que también hizo en voz baja.

—No sé si estoy preparado.

Comenzó a tronar. El ruido despertó de manera abrupta a Valentín. Se puso a llorar desesperadamente. Las puertas de madera de la casa, ubicada en la calle Castillo, también empezaron a dar golpes debido al viento que se levantó. El pequeño se asustó. En ese instante sonó otro.

—Hermano, ¿qué pasa?

—Nada, son cosas de la naturaleza. Aquí estamos protegidos. Venga, duerme de nuevo.

Volvió a darle un beso en la mejilla y lo acurrucó. Ambos se quedaron dormidos, aunque el sueño de Juan José fue débil e intranquilo. Nunca lo hizo de manera profunda. Seguía alterado por todo lo que rondó por su cabeza durante toda la noche. Valentín ya no se movió más de la postura cogida. Se pegó aún más a su hermano mayor para sentirse más protegido.

# CAPÍTULO 7. FUERA DUDAS

El joven se levantó de la cama. A pesar de la mala noche, se incorporó, más o menos, a la hora de todos los días. No era de quedarse mucho tiempo acostado e intentó realizar el menor ruido posible para no despertar a su hermano pequeño. Una vez vestido, arropó y dio un beso a Valentín. Era un ritual diario antes de salir de la habitación y dirigirse a la cocina, donde la madre siempre dejaba café preparado la noche anterior. Lo calentó y dio unos pequeños sorbos, al tiempo que apareció Camilo dispuesto a seguir el mismo paso.

—¿Y Alejandro?

Juan José pensó que se le habían pegado las sábanas; era el más dormilón de la familia. Camilo le puso sobre aviso.

—Hoy no trabaja. El encargado le dijo ayer que se quedara en casa porque no había faena para él en la tejera. Yo sí voy, puesto que tenemos que meter la arcilla en el horno, moldear y luego cortar. El capataz le avisó de que mañana, si todo va bien, tiene que ir.

Quedaron para salir juntos de la casa. Una vez preparados, acudieron al salón a dar un beso de despedida a la madre. Intentaron que no se despertara.

Al salir por la puerta, Camilo quiso saber dónde se dirigía su hermano. Este le indicó que tenía la intención de acercarse a un pajar en el que un agricultor preparaba sacos de trigo para el ejército. Advirtió que se separarían a mitad del camino. Descartó ir otra vez al campo debido a la intensa lluvia caída la noche anterior y al mal estado en el que podría estar.

—Espero que me diga que me quede y así poder cumplir la peonada.

En el trayecto hacia la tejería, se despidieron.

—Ya esta tarde nos vemos en casa.

Juan José tenía la esperanza de conseguir trabajo. Tuvo suerte. Al llegar al almacén, el agricultor le dijo que se quedara porque estaba esperando a que el ejército mandara algunas carretas para llenar el grano de trigo que tenía acumulado en un pajar convertido en nave de mercancías.

—¿Hay alguna posibilidad de que consigas la ayuda de otro hombre? Esta vez los sacos pesan mucho.

No dudó y propuso a Alejandro.

—Es pequeño, pero es fuerte como un toro. Si quiere, voy corriendo a casa y en menos de diez minutos estamos aquí.

El empleador dio el visto bueno.

—Date prisa, que no quedará mucho para que las carretas lleguen.

Salió disparado en dirección a su casa y entró sin apenas saludar a su madre, la única despierta.

—Voy a levantar a Alejandro, tengo faena para él.

Se introdujo en la habitación con el objetivo de que se despertara y salir cuanto antes en dirección a la nave. Los hermanos dieron gracias de que la carga y descarga iba a ser en el interior. En esos instantes la lluvia apareció de nuevo con la misma intensidad de la noche anterior.

Tardaron alrededor de cinco horas en la faena y, al finalizar, recibieron el salario correspondiente. Además, Juan José recibió cáñamo para liar cigarrillos. Acabaron satisfechos por el dinero recibido y enfilaron en dirección al pueblo. La intención era volver a casa, sobre todo por la cantidad de agua que otra vez el cielo encapotado estaba apremiando a Santa Cruz.

A medio camino entre el almacén y la casa, Alejandro se separó.

—Me voy a acercar un momento a la tejera y así pregunto al capataz si tengo que ir mañana. Ya de paso me vuelvo con Camilo.

Juan José no le respondió y solo dio un gesto de aprobación, deseando en su interior que tuviera suerte. Ingresar dinero en el hogar se consideraba vital en esos momentos.

A escasos 400 metros del centro del pueblo, un movimiento se produjo. Vio de lejos que un montón de gente se reunía. Como no le quedaba más remedio que pasar por allí, observó que muchos milicianos se agolpaban en torno a unos camiones. Eran combatientes que, por algún que otro motivo que él desconocía, estaban en ese punto de encuentro. Oficiales de alto rango comenzaron a dar órdenes y los soldados de la República tomaron puestos en unas filas que los dirigían a camiones de transporte.

Mientras cruzaba la multitud, un miliciano le dio el alto. Llamó su atención con un golpe en la espalda para que se volviera. Ya, de frente, el combatiente, voluntario de una organización política, le explicó. Se llamaba Ángel y le apodaban "El Paleto". Se conocían de ser monaguillos en la iglesia de Santa Cruz.

—Madrid está siendo atacada de nuevo por las tropas de Franco y se ha decidido que vayamos a reforzar sus defensas. Nos uniremos a las Brigadas de Lister y luego nos darán instrucciones.

Juan José escuchó con atención. Estaba presenciando una movilización plena de soldados y comenzó a entender que la República corría peligro. No tenía ni idea de jerarquías militares y solo se atrevió a preguntar por el nombre al que hacía referencia su conocido.

—¿Quién es Lister?

El "Paleto" explicó detalles sobre el individuo encargado de las columnas que saldrían en dirección a la capital.

—Es un camarada del Partido Comunista de España. Le han dado la jefatura militar de los voluntarios que integran el Quinto Regimiento de Milicias Populares. Es un cuerpo de élite formado para frenar a los fascistas en primera línea. Lleva interviniendo desde el inicio de la guerra con mucho éxito, sobre todo cuando el combate se convierte en un cara a cara.

En ese momento se intensificó la lluvia y echaron mano de distintas prendas para protegerse del agua. Juan José estuvo muy atento a las explicaciones, pero tenía una duda.

—¿Y no tienes miedo?

El nuevo soldado se envalentonó; es como si se hubiera ofendido al considerar una afirmación por parte del joven.

—Para nada. Sé mi cometido y los motivos por los que estoy dispuesto a combatir. Quiero frenar el fascismo con mis manos. No voy a permitir que se derrote a la República y por eso voy al frente. Por mi mujer, hijos, familia... Por todos y cada uno que pensamos en el peligro social que conllevaría que Franco ganara la guerra.

Al fondo sonó un silbato, síntoma inequívoco de que era la señal para subir a los camiones. Era el tiempo de la despedida.

Juan José lo hizo primero.

—Suerte, te deseo lo mejor.

El miliciano no dijo nada. Solo levantó el puño izquierdo en señal de despedida.

—Salud, compañero.

Poco a poco los camiones se alejaron por la carretera y desaparecieron entre la oscuridad del cielo provocada por la lluvia. Se empezaron a escuchar proclamas antifascistas como una motivación extra de cara a su futura puesta en escena en el conflicto armado.

Decidió seguir su camino a casa. Esta vez no tenía intención de parar ya en otro sitio, puesto que era mejor llegar cuanto antes y poder entregar el salario a la madre. Además, quería reunirse con los más pequeños porque siempre jugaba con ellos tras llegar a casa.

En el trayecto se percató de que una gran fila de personas desafiaba a la lluvia. Por obligación, tenía que pasar por delante de la caja de reclutamiento, aunque no tenía ninguna intención de acercarse al lugar donde le dieron los dos últimos días la comida. No todos ellos eran de Santa Cruz e intuyó que procedían de poblaciones cercanas. Se iban a alistar en las milicias de la República.

En esos momentos, cuando vio a ese gran número de personas, otra vez pensó en la noche anterior y, durante unos segundos, volvió a repasar, punto por punto, las palabras dichas por el reclutador y sus propias respuestas.

—Ropa y mantas.

—*Mi vestimenta se la podría poner Camilo y, más tarde, Alejandro. Mis hermanas son capaces de arreglar y adaptar a la talla que necesitaran en cada momento.*

—*La de vestir que tengo se la podría poner Camilo y, más tarde, Alejandro. Mis hermanas son capaces de arreglar y adaptar a la talla que necesitaran en cada momento.*

—Dinero en efectivo que se abona todos los días y que tú decides a quién se le da.

—*Mi madre cubriría con esto las necesidades del resto de la familia sin estar mendigando. Podrá comprar los artículos que alguna vez escasean en casa: pan, leche, legumbres, algo de carne...*
—Tabaco.
—*Fumo, pero eso me importa menos. Me podría quedar con una parte y vender el resto para sacar algún dinero extra que pudiera ayudar. Siempre hacemos esto con las aceitunas que cogemos cuando ya están caídas del árbol.*
—Cualquier herida será recompensada y te vuelves a casa. En esta situación cobrarás la mitad.
—*Mejor no lo contemplo, puesto que se ganaría menos que en el frente.*
—Dinero que ingresa tu familia en el caso de que tengas un contratiempo mortal.
—*La dejaría bien arropada, pero soy muy joven para pensar en la muerte. Además, mi padre me encomendó, desde que yo era pequeño, cuidar de esta si alguna vez faltara. No estoy dispuesto a defraudar la palabra que le di.*
—Todo con el aval de la República, que nunca abandonará a los que luchen porque se establezca el orden y se pare al fascismo.
—*Aquí no tengo dudas. Conozco el sistema y sé que responderá. El fascismo seguro que nos puede generar problemas. Han pasado el límite con echar al ejército en contra del gobierno.*
Repasó una y mil veces las propuestas del reclutador y sus pensamientos sobre ellas. A cada una de sus propuestas, una valoración. En un momento, hasta le hizo gracia la broma que gastó a la persona que se pretendía alistar.
—*Si eres capaz de cargarte a Franco, te nombrarán ministro honorario de la República y tendrás una pensión vitalicia para ti y los tuyos.*
—*Espero ser yo si se da el caso. Así se acabará cuanto antes la guerra y volverá la paz.*
  Se puso a mirar a la gente que hacía fila. En ese momento pensó que cualquiera se asemejaba a él debido a las maltrechas condiciones que se vivían en aquellos primeros meses de la guerra.

Su vista, entonces, la dirigió al cielo, esperando una respuesta. Se la dio.

—Mi familia no puede vivir así, pensando día a día si entra un jornal en casa para poder comer. Ya no tengo dudas, me alisto.

Juan José se encendió un cigarro y se colocó detrás del último que tenía la intención de inscribirse ese día.

—No me puedo echar atrás.

Susurró cuando observó que detrás de él se iban incorporando más personas. La lluvia, mientras tanto, se convirtió en una gran tormenta, al igual que la noche anterior.

—No tengo dudas.

Esta vez lo hizo en voz alta. No era cuestión de que le escuchara el resto de la gente, sino de convencerse de que era la mejor decisión que tomaba por el bien de su familia.

Aguantó la fila. Los ya alistados salían por otra puerta distinta a la destinada para inscribirse. Lo hacían con proclamas a favor de la República y en contra de los sublevados del general Franco. Gritaban "No pasarán".

Cuando se quiso dar cuenta, ya estaba dentro de la caja de reclutamiento y tardó breves minutos en ponerse delante de los captadores, que en esos momentos estaban tomando la filiación a los voluntarios. Eran tres, dos hombres y una mujer. Esta era la encargada de apuntar el nombre y el apellido, además de su dirección y edad.

—¿Cómo se llama, por favor?

El joven se prestó a dar sus datos.

—Juan José Sánchez Ramírez.

La reclutadora portaba en el brazo derecho un brazalete con el logo del Partido Comunista. Esta tomó nota y prosiguió.

—¿Natural?

El aspirante a miliciano respondió rápido.

—Santa Cruz de Mudela, Ciudad Real.

Faltaban la fecha de nacimiento y la edad. La mujer quiso saber la segunda y así rellenar el estadillo para el registro.

—¿Me la puedes decir?

—17 años.

El aspirante a miliciano se dio cuenta de que algo fallaba, puesto que los presentes se empezaron a mirar. Guardaron por unos instantes silencio hasta que uno de ellos se dirigió al joven.

—Lo sentimos, no podrás alistarte. El mínimo que se exige para acudir al frente es de 18 años. Espero que la guerra no continúe mucho; si no, el año que viene tendrás tu oportunidad. Abandona la fila, por favor.

Se dio media vuelta con mala cara. Tomó la decisión de apuntarse como voluntario para ayudar a su familia, pero había fracasado. En un momento, pensó que las cosas no cambiarían y seguirían pasando calamidades.

Mientras salía por la puerta, todavía dando vueltas a la cabeza por la decepción, alguien se le acercó por la espalda. Este le tocó en el hombro para que se girara y se percatara de su presencia. Era el reclutador que le había dado la comida durante dos días consecutivos.

—No te preocupes, que yo lo arreglo; espérame aquí.

Le hizo caso y se resguardó debajo de un pequeño soportal cercano a la caja de reclutamiento. El captador tardó cerca de quince minutos. Le dio tiempo a liar un cigarro y pensar en la decisión que había tomado. Como el reclutador se estaba retrasando, pensó en marcharse. Sin embargo, cuando emprendió camino a casa, presintió que alguien se acercaba con prisa. Era el reclutador. Quería frenar la marcha del joven.

—Juan José Sánchez Ramírez, todo solucionado. En dos días te incorporas. Ya te avisaremos de la hora y el lugar. Allí ya tendrás que tener preparado este documento que te doy ahora. Es el compromiso de alistamiento y las condiciones de pago de tu salario mientras estés con nosotros.

El aspirante a recluta dio el visto bueno y se despidió. Ahora se lo tendría que decir a la madre y al resto de la familia. Estaba convencido de que le iban a apoyar por la decisión tomada, aunque era consciente del drama próximo al que se enfrentaba, sobre todo con Valentín y Valentina, que le adoraban y por los que sufría mucho.

# CAPÍTULO 8. VALOR

Regresó tranquilo y convencido de que su incorporación a filas era la mejor decisión tomada por el bien de la familia. Llegó a casa y mantuvo la calma y normalidad tras atravesar la puerta. Valentín y Valentina salieron a su encuentro, subiéndose de un salto a sus brazos. Siempre lo hacían.

—No os acerquéis mucho, que estoy empapado. Esperad a que me cambie y ahora me uno a vosotros.

Los pequeños, ya en el suelo, no dejaban de rondar las piernas del hermano en señal de querer jugar.

Se dirigió al patio. Allí le esperaban unas alpargatas y una toalla para secarse el pelo. Su madre, viendo el tiempo que hacía, dejó también algo de ropa limpia para evitar un resfriado inesperado ya que era propenso a cogerlo siempre en esas fechas y, por tanto, buscaba prevenir.

Juan José se acicaló y se acercó al salón. Allí estaba Raimunda, que, con anterioridad, había encendido una pequeña chimenea con algunas maderas que Camilo había traído el día anterior. Sabía que su hijo tendría el frío metido en el cuerpo después de tantas horas en la calle y el tiempo tan desapacible que hacía.

—¿Te apetece un vaso de leche caliente?

—Si Valentín y Valentina la toman conmigo, pues encantado; nos sentará bien porque hace mucho frío y humedad después de la lluvia de los últimos días. Espero que ninguno se asustara por los truenos. La verdad es que han sido muy fuertes.

Agradeció que la madre tuviera la leña echada en la chimenea y se frotó las manos delante del fuego..

—Esperemos que aguante y coja calor cuando estemos todos juntos.

Los niños se apuntaron al vaso de leche. Para ellos, cada palabra de Juan José era una orden. Raimunda siempre decía que era un padre para ellos. Esas palabras al chico le hacían especial ilusión. Sentía pasión por aquellos renacuajos, así les llamaba. La madre comenzó a sonreír, sobre todo porque Valentina, desde hacía unos días, tomaba leche de vaca. A pesar de las primeras náuseas por el exceso de nata, parecía haberle cogido el gusto.

Raimunda se fue a la cocina y Juan José la siguió. Tenía la intención de contar su alistamiento, pero la entrada de Valentín y Valentina se lo impidió. Pensó entonces que sería mejor más adelante, cuando se quedara sola en el salón para acostarse en el sillón donde dormía todas las noches desde que falleció su marido Alejandro.

Todos volvieron al salón y se sentaron alrededor de una pequeña mesa. Con la leche servida, Valentín y Valentina comenzaron a migar trozos de pan y a echárselos a su hermano en la taza. Querían que su hermano les diera juego.

A la pequeña se le ocurrió una excusa. Siempre la repetía cuando quería llamar su atención:

—Es para que engordes un poco, que estás muy flaco y se te notan los huesos.

Se le escapó una carcajada tras escuchar las palabras de la hermana, dichas con la inocencia de una niña de su edad.

—Ja, ja, ja. Con esas cosas que dices te pareces cada día más a madre.

Raimunda esbozó también una sonrisa cuando su hijo comentó el parecido que tenía Valentina con ella. El resto de la familia fue llegando al hogar. Esa noche se vivió una velada tranquila, puesto que, entre todos, se pudo conseguir algo de dinero extra para la manutención de la familia.

Concha y María, ese día, trabajaron en el colegio, ya transformado en almacén por el ejército de la República. Una de ellas hizo un comentario dirigido a la madre en voz alta.

—No sabe cómo es eso. Toda la escuela está llena de cajas, de uniformes para los soldados. Nos da que los niños van a tardar mucho en ir a la escuela.

Concha se mostró apesadumbrada porque sus hermanos no pudieran aprender en las mismas condiciones que ella. En esos momentos, tuvo un recuerdo para don Rafael, el maestro que enseñó a leer y escribir a la mayoría del pueblo.

Alejandro intervino. Quería saber qué guardaba en el almacén el ejército republicano.

—¿Hay armas? Ya sabes a qué me refiero: pistolas, balas, fusiles de asalto, granadas, etc. Me gustaría verlas.

La joven tranquilizó a la familia, puesto que ellas estaban en zonas en las que se depositaba un material que no era peligroso para su integridad. Raimunda siempre se preocupó por ello y, cada vez que mencionaban las hijas del colegio, la cara se le cambiaba. Esa noche respiró un poco más tranquila al saber el contenido que allí se depositaba. Concha la alivió y, por fin, se dio cuenta de que era un trabajo seguro para las dos hijas mayores, a pesar de que en el pueblo se había rumoreado que era un depósito de armas. Esta dio por cerrada la conversación tras la pregunta de Alejandro.

—Las únicas que hay son las de los milicianos, que cuidan cada una de las entradas de la escuela, y las de los vigilantes de los camiones. Todo está tranquilo y es un trabajo seguro para las que vamos. Nos han dicho que mañana volvamos otra vez porque habrá faena.

Juan José no dijo ni palabra antes de la cena. Prestó atención a las de su hermana, pero no opinó. Solo esperaba tener la oportunidad de estar a solas con la madre, aunque con todos en casa era imposible. Ese momento no era el más adecuado y decidió esperar al final de la noche. Así lo planeó desde el momento en que llegó de alistarse.

Ya que el día fue bueno, a nivel jornal, quiso celebrar el hecho en familia. En su interior era como si hiciera una fiesta de despedida, consciente de que le faltaban algunas horas por disfrutar de los suyos.

—Camilo, ¿te acercas a la bodega de los Espinosa y traes un cuartillo de blanco?

A este le pareció raro porque pocas veces entraba el vino en casa, solo en algunas ocasiones para eventos especiales. Además, los únicos que bebían eran la madre y su hermano mayor, aunque este en mínima cantidad. Camilo recordó que la última vez que entró fue en los días previos al fallecimiento del padre y apuntó a la posibilidad de que la familia de la bodega no tuviera, puesto que la vendimia se recogió a principios de la guerra, y no estaba muy seguro de que el vino tuviera cuerpo.

Tardó diez minutos en volver y traía mucho frío.

—Hemos tenido suerte porque le quedaba menos de una garrafa. Parece ser que el ejército ha incautado gran parte de la producción, aunque el dueño de la bodega me ha dicho que falta calidad porque no ha dado tiempo a madurar. La uva se ha recogido de prisa y corriendo. Dice que el año que viene será aún peor.

Su hermano lo disculpó.

—No te preocupes, le tomaremos igual, aunque tú ya sabes que está prohibido para ti porque todavía eres un niño.

Camilo se empezó a reír.

A la hora de cenar se repartieron por turnos. Valentín y Valentina, acompañados de María, fueron los primeros en hacerlo. Una vez que acabaron estos, el resto de la familia tomó asiento. Raimunda guisó sopas de ajo (tenían más pan de lo habitual), que los mayores agradecieron por el frío que hacía también dentro del hogar a pesar de que la chimenea continuaba aún encendida, y se encargó de repartir la comida. Esta vez tenían velas y pudo equilibrar mejor las cantidades por comensal. Una vez servidos, se sentó al lado de Juan José; siempre lo hacían en el mismo sitio. Este le echó un poco de vino en un vaso y sirvió a la madre. Esta se percató de que podría sucederle algo. Pasó de estar risueño con los pequeños al silencio más absoluto.

—¿Te pasa algo?

El hijo mayor no quiso enterarse de la pregunta.

Se la repitió, pero esta vez con el tono de voz subido.

—¿Te pasa algo?

Esta vez Juan José ya se dio por enterado.

—No, nada. Estoy un poco cansado. Había muchos sacos y no hemos parado. Me imagino que Alejandro estará igual que yo. Tras contestar, se mojó los labios en el vino. Pareció que los tenía muy secos, quizás por el nerviosismo provocado por la pregunta.

La cena transcurrió tranquila. Una vez que acabaron, entre todos llevaron los platos y vasos a un barreño ubicado en la cocina que hacía las veces de fregadero. A Concha y Alejandro les tocó limpiar para respetar los turnos que la madre puso en su día tras el fallecimiento de su marido.

Llegó la hora de acostarse. Todos se fueron despidiendo de la progenitora. María se encargó de que los pequeños se fueran a la cama y el resto comenzó a abandonar el salón, no sin antes dar un beso de buenas noches a la madre.

El joven hizo lo propio, aunque esperó un poco más en el salón para que Valentín no se despertara. Presentía que tenía el sueño recién cogido. Pensó que era la oportunidad de contar su alistamiento en las milicias. Para eso hizo tiempo y llevó algunos desperdicios al burro, Jacobo, al que echó también agua limpia del pozo. Sin embargo, su plan se desvaneció cuando regresó al salón y se encontró a la madre dormida. La noticia era de vital importancia, pero la dejó descansar sin molestar. Se fijó en ella y se hizo una idea de lo que trabajaba en casa, sobre todo, por el revuelo que siempre daban los pequeños. Estos siempre estaban allí al suspenderse el colegio y no le daban respiro. Decidió acostarse; eso sí, la noticia no la podía demorar mucho, puesto que a los dos días ya estaría en las milicias.

Tras meterse en la cama, dio un beso a Valentín. Este se abrazó a él como todas las noches. Minutos después, se volvió y dio la espalda. Era el ritual diario. A pesar del cansancio, no se pudo quedar dormido. Dio vueltas en la cama sin cesar, pensando en si su decisión era la correcta. En el transcurso de la noche se levantó cuatro veces, la última para fumarse un cigarro sentado al lado del burro. El frío era intenso a esas horas y se tapó con una manta. Raimunda se percató de todas las veces que el hijo se había levantado. La última vez ya no aguantó más y se dirigió al patio en su búsqueda. Algo le pasaba y debía saber qué cuanto antes.

Juan José vio a su madre llegar con una vela.

—No sé si es el mejor momento, a estas horas, pero alguna vez tendría que hablar con usted.

La progenitora se inquietó al no saber los motivos.

—Te he visto muy raro. ¿Me da que me escondes algo? Siempre me cuentas todo y me extraña que esta vez mantengas un silencio que me preocupa.

El joven se mantuvo sereno, aunque no sabía cómo empezar. Apuró el cigarrillo hasta quemarse los dedos, pero ya no quiso dar más rodeos al asunto. Se atrevió a contar la decisión tomada de alistarse.

—Dentro de dos días me incorporo a las milicias.

—¿Cómo? ¡Pero si eres menor de edad! ¿Por qué lo has hecho? Mañana voy contigo para que te den de baja. La madre comenzó a temblar después de la noticia. Entró en cólera y buscó soluciones para quitarle la idea de la cabeza.

La miró a la cara. Se calmó y expuso la realidad.

—Observe, madre, cómo estamos ahora y eso que solo llevamos unos meses de guerra. Si se prolonga, le puedo asegurar que ya no tendremos qué comer. Ir al ejército nos da la posibilidad de que ustedes tengan un sueldo diario sin necesidad de estar mendigando, conseguir un poco de pan o una peonada.

Raimunda se echó a llorar, comprendiendo el argumento que estaba diciendo, y Juan José se levantó de la silla para dirigirse a ella. Le dio un sentido abrazo.

—La familia estará bien. Me da igual el vencedor de la guerra. Le prometo una cosa: volveré a casa y verá cómo olvidaremos este mal momento.

La madre asintió con la cabeza, a la vez que los ojos se le inundaban más de lágrimas antes de articular la última frase. No dejó de mirar a su hijo a los ojos, también preocupada por la reacción de la familia, en especial los niños, con los que tanto tiempo pasaba cada día y entretenía con los diversos juegos que se inventaba.

—¿Quién será el encargado de comunicárselo al resto?

Juan José tenía la respuesta que le iba a dar a la madre cuando llegara este momento. La noche anterior imaginó ese instante.

—Nadie. Diremos que me ha salido un trabajo en Madrid y que estaré fuera algunos meses. No soy el primero y único que se va de Santa Cruz para buscar una vida mejor.

Se volvieron a abrazar y se dieron las buenas noches. Juan José le dijo minutos antes que en dos días se tendría que incorporar, a la vez que le enseñó el papel que le dio el reclutador con el compromiso de la República de ser el valedor de las condiciones ofertadas a los voluntarios.

Volvió a la cama pensando en el hecho de que la noticia dada a la madre era por el bien de la familia. Se mostró liberado, aunque tenía la duda de saber qué dirían el resto de la familia por el paso dado.

Nada más meterse entre las sábanas, Valentín se despertó. Tenía el sueño muy débil y era muy frecuente alguna que otra interrupción. El pequeño se incorporó de la cama.

—Te has levantado mucho. veces. ¿Te pasa algo?.

Este encontró una buena excusa.

—No, nada, que me duele un poco la barriga y no me encuentro bien.

Las indicaciones parecieron convencer al pequeño, pero este insistía. Parecía haber tenido suficiente con el primer sueño. Siempre le hacía la misma pregunta cada vez que se despertaba por la noche.

—¿Jugaremos mañana?

—Mejor realizaremos una tarea. Tú duerme ahora y, cuando te levantes, nos vamos a buscar las herramientas necesarias para arreglar el patio. Te recuerdo que el otro día dejamos todo a la mitad. Alejandro y Camilo no nos trajeron las tejas, aunque sí unos pequeños retales de arcilla que nos pueden valer. ¿Te apetece?

Las palabras de Juan José convencieron al más pequeño.

—Sí.

Valentín respondió antes de dar la vuelta, de cara a la pared y quedarse otra vez dormido. Eso sí, Juan José le volvió a dar un beso en la mejilla. En este momento pensó en la falta de actividad que tenían los pequeños tras decretar el cierre, por parte de las autoridades, de la única escuela de Santa Cruz de Mudela.

# CAPÍTULO 9. PERCANCE

Juan José pensó que, apuntado a las milicias, ya no tenía la obligación de salir a buscar la peonada diaria. Decidió permanecer un poco más en la cama. Desde la habitación escuchó cómo Camilo, Alejandro, Concha y María se marchaban a sus trabajos. Los primeros, a la tejera, mientras que las dos mujeres en dirección a la escuela convertida en almacén por parte de la República.

En la casa, por tanto, solo se escuchaban los andares de la madre, de un lado para otro, recogiendo algunas cosas que se quedaron pendientes de la noche anterior, cuando la oscuridad ya era total y las velas ya no eran suficientes en algunos puntos de la casa.

Se levantó y tapó a Valentín con una manta para que no cogiese frío. Después se vistió y fue en busca de la madre, como hacía todas las mañanas, para darle los buenos días y un beso en la mejilla.

—Ya he escuchado que se han ido mis hermanos. ¿Han desayunado algo y llevado comida abundante para el día?

La madre mostró que ya tenía asumido el hecho de la marcha de su hijo a las milicias. Durante el tiempo que llevaba despierta, avanzó en los preparativos para la incorporación inmediata del hijo mayor al ejército republicano. Eso no la hizo olvidar sus obligaciones con el resto de la familia.

—Sí, no te preocupes de nada. He intentado, además, que Alejandro y Camilo se lleven la tartera con el almuerzo para no tener que ir nadie a la tejera al mediodía. Quiero estar más tiempo sola y preparar algunas cosas: calzoncillos, algo de ropa interior, un par de camisas...

Juan José dio las gracias. Instó a que no se preocupara tanto por preparar el petate.

—No ponga mucho. En el papel que me dieron dice que estaré equipado con el uniforme, entre otras cosas. Me bastará con la ropa interior, el jabón de afeitar y la brocha que utilizaba padre.

Raimunda asintió con la cabeza y sacó las mantas que había metido. Se dio cuenta de que con solo eso le aliviaría la carga, aunque antes se aseguró de que su incorporación era real. En un momento pensó que incluso se arrepentiría.

—¿Has firmado ya el papel?

—Sí, ayer por la noche antes de acostarme. Lo tengo escondido en la habitación para que nadie dé con él. No me fío de Valentín y Valentina, que son los que siempre andan rebuscando las cosas— advirtió Juan José.

Mientras hablaba con la madre, los pequeños aparecieron por el salón. La chica se dio cuenta de la bolsa que estaba depositada encima de una mesa. No dio ni los buenos días.

—¿Quién se va de viaje?

La madre no tardó ni un segundo en dar una explicación que pudiera ser creíble. Esta se adaptó al pacto que llegó sobre su inminente marcha.

—Es para tu hermano. Ha encontrado un trabajo en Madrid de jornalero de la construcción y se va mañana.

La pequeña dio poca importancia a lo que le decía y se marchó al minúsculo patio para hacer sus necesidades, no sin antes avisar a su hermano mayor.

—Me ha dicho Valentín que te vamos a ayudar a arreglar el patio. Yo me encargaré de llevar el agua por si tenéis sed.

Las palabras de la pequeña hicieron saltar una sonrisa a todos.

Raimunda tomó la palabra.

—Juan José no me ha dicho nada, pero si es así, tenéis primero que desayunar. Voy a empezar a hervir la leche y cortar el pan.

Valentina salió corriendo, no sin antes dar un leve empujón a Valentín, al que también le estaban dando ganas de orinar. Juan José se lo recriminó. Incluso se enfadó por el comportamiento.

—No quiero peleas. Por tanto, prometed que os vais a portar bien. ¿Entendido?

Asintieron con la cabeza, no sin antes que Valentín le devolviera a la hermana un  coscorrón en la frente. Esto provocó que Valentina intentara vengarse con una patada, impedida por Juan José.

—La verdad es que no puedo con vosotros. Quiero que durante mi ausencia no deis problemas a madre. Si me entero, vengo corriendo y os cogeré de las orejas hasta que sean más grandes de las que ya tenéis. Espero que no ocurra.

Volvió a lanzar una advertencia a los pequeños. Esta vez hicieron caso y fueron por turnos al patio. Se prestaron a ayudar a Juan José y este empezó la faena.

Los desperfectos que había hecho Jacobo la noche de la tormenta fueron enormes. Pensó que les podía arreglar. El mueble le cuadró con puntas de acero, mientras que los retales de arcilla sirvieron, en gran medida, para tapar las goteras. Los pequeños le ayudaron con los clavos y a levantar alguna madera. Dejaron de aburrirse al sentirse atareados por el trabajo que les había encomendado su hermano.

—¡Esto ya está casi listo! Voy a salir un momento a casa del vecino de enfrente, el albañil, para que me deje una paleta con la que ajustar los ángulos—, comentó Juan José, mientras que los niños acompañaban a la madre a por el botijo de agua.

Se lavó las manos y encendió un cigarro antes de salir por la puerta. Como siempre, después de abandonar la casa, miró a los dos lados para asegurarse de que podía cruzar, sobre todo porque su calle era una de las que más tránsito tenía tras empezar la guerra.

En el momento en que miró hacia la izquierda, una mujer mayor se aproximó con dos ovejas. A buen seguro las traía de pastar, pensó.

Los animales estaban acostumbrados a estar cerca de ella. La llegada de un convoy militar provocó que una diera una estampida, con la mala suerte de que fue atropellada por un camión que siguió la ruta a pesar de los chillidos de la anciana. Esta fue directa a socorrer al animal y el joven la siguió. La segunda oveja se quedó paralizada y comenzó a berrear del susto.

Ninguno pudo hacer nada por socorrer al animal. La anciana pidió a Juan José que, por favor, la cogiera en brazos y la acercara a su casa. La oveja pesaba mucho y se tuvo que esforzar para transportarla. La camisa y el pantalón se le llenaron de sangre. La anciana se prestó a lavar la ropa como compensación por la ayuda. Desechó la oferta.

—Gracias, no se preocupe, mi madre se encargará.

Juan José depositó al animal en la entrada de la puerta de la vivienda de la vecina. Antes de salir de la casa de Dorotea, se lavó las manos. En ese mismo instante se escucharon voces en el exterior, pero ninguno de los dos salió a la calle para saber qué ocurría. Desde dentro del hogar, solo se sentía a gente corriendo y no se identificaban las voces y gritos que se estaban produciendo en ese instante.

La anciana, tras observar que el joven se disponía a irse, se refirió a la algarabía que se produjo en el exterior un momento antes.

—Están pasando cosas demasiado raras y me da que la guerra nos está enfrentando a los del pueblo.

Finalizó dando un consejo.

—Ahora es mejor oír y callar, no significarse mucho por lo que pudiera pasar.

Volvió a casa y contó el suceso, incluso los gritos que escuchó desde casa de la anciana. Raimunda se asustó al verle con la ropa llena de sangre, pero se calmó enseguida después de la narración sobre el acontecimiento con la oveja muerta y su traslado.

—Para dar las gracias, la mujer me ha dicho que se pase dentro de unos días y que recoja algo de carne. Me ha comentado que la va a trocear para que sirva para comida. ¿Sabe de quién la hablo?

—Sí, se llama Dorotea. He coincidido muchas veces con ella en la recogida de aceitunas. Su marido falleció un poco antes que tu padre y no tiene hijos. Me pasaré. Es una mujer siempre dispuesta a ayudar y que cumple con la palabra.

Sabía, por tanto, de quién hablaba su hijo que decidió quedarse en casa tras el atropello de la oveja aunque advirtió a su madre que los arreglos de la casa se dejarían para más adelante.

—Los dejaremos para otro momento. Estoy convencido de que podrá aguantar el resto del invierno.

Juan José dio a la madre la camisa y el pantalón manchados de sangre. Esta los quería lavar las prendas cuanto antes. Valentín y Valentina querían saber qué había pasado y no le quedó más remedio que contar la historia. Estos comenzaron a llorar por la oveja, aunque, a la vez, reconocían que su hermano era un héroe por ayudar a la anciana a llevar al animal muerto.

La tarde transcurrió muy tranquila y todos los demás fueron llegando del trabajo. Tenía la intención de comunicar la marcha durante la cena, pero todo se precipitó al observar Concha que la madre preparaba algo para Juan José, entre otras cosas, coser una boina de su difunto padre que llevaba algún tiempo rota. Era con la que iba siempre al campo.

—¿Quién se va de viaje?

Madre e hijo guardaron silencio; no parecían querer escuchar la pregunta que en ese instante estaba haciendo la hermana.

La joven quería saber de quién era el petate y cuál sería el destino final. No fueron ellos los que contestaron, sino Valentín, muy dado a meterse en las conversaciones ajenas y de mayores. Esto siempre ocasionaba que la madre le diera muchas veces algún cachete.

—Es Juan José y mañana se va a Madrid a trabajar de jornalero. Dicen que allí hay mucha faena todos los días y que va a ganar un buen salario.

—¿Es verdad eso? ¿Por qué no lo has contado antes?

Concha demandó información, un poco ofendida por la manera en la que se enteró ella y el resto de los hermanos adultos. La noticia la pilló por sorpresa y cambió el gesto de la cara a la espera de recibir alguna explicación por parte de Juan José. Este no dudó.

—Porque el trabajo en Madrid me ha salido esta mañana y quería contarlo durante la cena, cuando estuviéramos todos.

Lanzó una pequeña mentira. Mientras la decía, guiñó un ojo a los pequeños para que no le delataran. Era también un juego que tenían los tres sobre cómo guardar secretos sin que nadie se enterara.

A la hermana, las explicaciones la convencieron.

—Estupendo, no pasa nada. Si es bueno para ti, pues también el resto se alegrará.

Nadie más intervino e, incluso, las horas y los turnos de la cena se respetaron como si nada ocurriera. Antes de irse a la cama, Raimunda preguntó a Juan José a qué hora se tenía que marchar, dando ya por sentado que sería al día siguiente.

—Iré a las siete, nada más levantarme. Me dijeron que me avisarían, pero nadie se ha acercado por aquí. Tenga usted seguro de que mañana me incorporo. Así me dijo el individuo con el que hablé para alistarme.

La madre se volvió a abrazar a él, a la vez que se puso otra vez a llorar, repitiendo el gesto de la noche anterior.

Raimunda le suplicó. Sabía que ya no había marcha atrás y que estaba ante las últimas horas de su hijo en Santa Cruz de Mudela antes de partir hacia el frente.

—Vuelve vivo, por favor.

—Usted de eso no tenga dudas.

Se atrevió a prometer.

Todos se marcharon a la cama, no sin antes Juan José pasar a la habitación de las hermanas para despedirse. Nadie, hasta entonces, había abandonado la casa y hecho un viaje. A él le correspondía ser el primero, aunque a un lugar que no era su mayor deseo.

¡Le dieron también un beso y los tres se abrazaron de manera muy fuerte y alargada. A las dos jóvenes se les escapó alguna lágrima.

—Mucha suerte y, por favor, no te metas en líos. Sabes cómo están las cosas y no te puedes fiar de nadie. Ten mucho cuidado.

María era la más afectada por la repentina marcha del que ella tenía como referente paterno.

Quiso que se sintieran seguras.

—La tendré.

Durante la despedida, sonó la puerta. Raimunda se prestó a ir a abrir. El joven, que ya estaba camino de la habitación, se dio la vuelta para acompañar a la madre. Eran dos milicianos que le llevaban la orden de incorporación.

—Buenas noches tengan ustedes. ¿Juan José Sánchez Ramírez?.

El joven se identificó. Al fin y al cabo, era una visita esperada.

—Sí, soy yo.

Uno de los soldados tomó la palabra, el más joven de ambos, casi de la edad de la persona a la que le querían comunicar la incorporación a filas. Portaban fusiles de asalto.

—Tiene que estar usted a las ocho de la mañana en la plaza del Ayuntamiento. Llévese lo imprescindible para el viaje. Allí le darán todo para su incorporación.

Los milicianos alumbraron con un candelabro la cara del joven para percatarse de que se daba por enterado de la comunicación.

—Entendido, estaré.

Se dieron media vuelta y desaparecieron en la oscuridad de una de las noches más frías de todo el invierno.

Una vez que se perdieron en el horizonte, Raimunda quiso despejar dudas sobre quién le arregló los papeles para alistarse siendo menor de edad.

—¿Era alguno de los dos? ¿Cómo consiguió inscribirte? ¿Es de aquí?

Juan José se tomó un tiempo en contestar. Las respuestas eran todas negativas. Trasladó a su madre que debería ser alguien con poder dentro de las milicias.

—La verdad es que parecía tener mando entre las personas que organizaban el reclutamiento. Tengo la certeza de que tiene poder, tanto que, cuando me ha dado estos días la comida, había otros milicianos presentes y ninguno de ellos le llevó la contraria; vamos, que ni rechistaron. Si me quiere preguntar si me le he vuelto a encontrar, le respondo que no.

Quedaban pocas horas para incorporarse. El tiempo pasaba y advirtió a la madre que ambos necesitaban descansar.

—Ahora sí que deberíamos acostarnos un rato. Además, si no me meto en la cama pronto, Valentín me echará de menos, se despertará y nos tendrá a todos en danza el resto de la noche. Seguro que ha tirado las mantas al suelo y con este frío que hace puede coger una buena pulmonía.

No se dirigieron más la palabra e intentaron dormir, a sabiendas de la intranquilidad que deparaba el futuro a toda la familia.

*LUNA DE LÁGRIMAS*

# CAPÍTULO 10. A FILAS

Juan José se adormiló, pero más por cansancio que por ganas de hacerlo. La cabeza le retumbaba por los nervios. Era ya un hecho que a las horas ya estaría en las milicias y, por tanto, no había marcha atrás.

Otra vez le asaltaron dudas, aunque pensó otra en el bienestar de la familia. Valentín se movía mucho en la cama, pero ese día percibió que más de lo normal, como sabedor de que era la última noche que dormirían juntos. El pequeño quiso estar abrazado a su hermano cada vez que se despertaba.

El último sueño fue el más reparador, pero le duró poco. No se quería quedar dormido puesto que tenía la intención de ser puntual a la citación. Además, escuchó algunos ruidos en la casa y decidió levantarse antes de tiempo.

Se acercó a la cocina. Allí se encontraba la madre preparando algunos alimentos para que se llevara, a la vez que también acomodaba las tarteras de Alejandro y Camilo para que se las llevaran a la tejara.

Como cada mañana, dio los buenos días, siempre acompañados por un beso. Al aproximarse a las mejillas, vio que su madre las tenía mojadas.

—¿Está llorando?

La madre quiso que el hijo supiese su último pensamiento. Fue entre sollozos.

—No dejo de pensar en los motivos que nos han llevado hasta aquí y en el paso que has tenido que dar para proteger a la familia. Tu padre, a buen seguro, estará orgulloso de la decisión. Te guiará y se encontrará siempre a tu lado.

Continuaron abrazados un rato. Juan José tomó la palabra para buscar la tranquilidad antes de emprender la marcha.

—No quiero lloros, madre, la decisión está tomada y ya no hay nada más que hablar. Venga, deje de lloriquear y prepare un café. Nos vendrá muy bien con el frío que hace.

Se mantuvieron de pie, uno muy cerca del otro, en un acto de aprovechar el poco tiempo que les quedaba. Ya no cruzaron ninguna palabra, pensaron que ya no había más razones para expresar sentimientos y tampoco dar mayores explicaciones.

Raimunda fue la primera en tomarse el café, mientras que el hijo se tomó su tiempo. Esta vez la madre no le coló tanto y salió más puro que otras veces, no tan aguado.

—Le voy a echar de menos.

Indicó Juan José, mientras que, para hacer tiempo, se dispuso a ayudar en las labores de la cocina y en acabar de colocar los alimentos en cada tartera de sus hermanos.

—Te he preparado algo de pan y queso, además de la pequeña navaja que portaba siempre tu padre. ¿Te acuerdas, Juan José?

La madre le miró con tristeza.

—Sí, claro.

Se sentó en una silla y se ató las alpargatas que eligió para llevarse. Una vez hecho, echó un vistazo a la pequeña talega que le había preparado la madre. Esta se anticipó.

—Como han dicho que lleves poco, he sacado algunas cosas que en un principio tenía previsto. He querido hacer hueco para mudas y camisas. Como no sé qué boina te querías poner ahora, encima de la mesa tienes dos, la tuya y la de tu padre.

No dudó.

—Guarde la mía y me llevaré la de padre puesta, así siempre me acordaré de él y del resto de la familia. Estoy convencido de que me dará mucha suerte y protegerá.

Raimunda colocó la boina desechada en la talega a la vez que contestó a las últimas palabras dichas por su hijo.

—Espero que así sea. Era un valiente, como tú. Siempre estará a tu lado.

Otra vez aparecieron las lágrimas en la madre. Juan José la volvió a animar. Su cara dio muestras de seguridad.

—Venga, no llore. Va siendo la hora de irme y no quiero llevarme la sensación de tristeza. Tenga usted claro una cosa.

La progenitora quiso saber a qué se refería.

—¿Qué?

No dudó.

—Volveré sano y salvo. Cuando acabe esto, recordaremos esta situación como una pesadilla y todo volverá a ser igual que ahora. Se lo prometo, madre.

Esta interrumpió.

—¿Me lo juras?

—Los que hacen eso van a misa y ya sabe que no voy. Solo puedo decirle que sí se lo prometo.

Se quedó satisfecha con estas palabras. La reconfortaron y pensó que no sería el único hombre en aquellas circunstancias. Conocía al hijo y sabía que este se iba a cuidar para cumplir la palabra que le estaba dando.

Llegó la hora de la despedida. Juan José intentó dar muestras de entereza. Mantuvo la calma.

—Bueno, me tengo que ir. No despierte a nadie, deje que duerman. Échese, por favor, una manta. La madrugada está siendo muy fría.

Fue a por ella. La verdad es que estaba congelada y, como iba a salir a la calle, pensó que era mejor estar abrigada.

Juan José tenía decidido que no quería despedidas. Aprovechó la ausencia de la madre para coger el petate, se lanzó a abrir la puerta y salió corriendo calle abajo. Raimunda se dio cuenta y corrió detrás para dar el último abrazo a su hijo. Fue imposible. El joven se perdió en la oscuridad y ella se introdujo en el hogar, disgustada y con lágrimas en los ojos.

Los ruidos que hizo levantaron a Valentín.

—¿Qué pasa, madre? ¿Y Juan José? ¿Por qué no se ha despedido de nosotros?

La cabeza de familia esquivó las preguntas. No quería que sus palabras hicieran mella en él, sabiendo la pasión que tenía por el hermano mayor.

—Tenía prisa, ya que han avisado que un camión se iba a Madrid dentro de diez minutos. No le ha quedado más remedio que correr porque quiere comenzar esta tarde a trabajar y empezar a ganar dinero. Venga, acuéstate, es muy pronto.

El pequeño se quedó convencido y, tras dar un beso a la madre, se volvió a acostar. Raimunda se quedó sola y pensativa. Se puso a llorar, pero esta vez intentó que no se la escuchara. A la vez, pensó en su interior que debía echar valor a la situación a la que se enfrentaba la familia.

—No puedo seguir así. Estará bien y yo me tengo que dedicar cuerpo y alma al resto de sus hermanos. Tengo que ser fuerte.

Sabía que tenía que fingir que su hijo no iba a trabajar a Madrid, sino a la guerra. Intentó cerrar los ojos, pero Alejandro, su marido fallecido, empezó a ocupar sus pensamientos.

—¡Cuánto te echo de menos! Si tú estuvieras aquí, seguro que te hubieras cambiado por el hijo. Te suplico que me des toda la fuerza del mundo.

Juan José, mientras tanto, alcanzó a la carrera el final de la calle Castillo. Estaba convencido de que el paso dado era el correcto.

Antes de llegar a la explanada en la que fue citado, se puso a llorar al no poder controlar las emociones. No le gustaban las despedidas ni tampoco alejarse de su familia. La madre siempre le decía que era tierno, sentimental y de lágrima fácil.

Se puso casi de rodillas, como para tomarse un respiro. En ese momento, alguien le dio por la espalda y provocó que Juan José se pusiera en pie, no sin antes llevarse un buen susto por la sorpresa. Era un joven como él y no lo conocía del pueblo. Este se presentó.

—Me llamo Ezequiel, me da la sensación de que vamos al mismo sitio. Soy de La Carolina y llevo toda la noche al raso. Salí ayer por la tarde de mi casa para estar a la hora citada. Veo que eres de aquí y que no has considerado despedirte de los tuyos. A mí me pasó con mi madre e hice igual. No quería que sufriera porque su hijo se va a la guerra. Es el segundo hombre que va de mi familia. El primero ha sido mi padre, que lleva desde agosto en Madrid. Me dicen que ahora está en la sierra de Guadarrama intentando contener a los fascistas que avanzan por el norte.

—Mi nombre es Juan José. Sí, me ha pasado igual que a ti. No he querido despedidas dolorosas.

Se dieron la mano y luego un abrazo, como si se conocieran de toda la vida.

—¿Nos vamos?

Ezequiel quería llegar de los primeros.

El joven de Santa Cruz asintió con la cabeza, al mismo tiempo que sacó un cigarro de una pequeña talega atada al cinturón. Se quería tranquilizar y le haría pensar, siempre lo hacía en la ermita de San Roque.

—Deja eso, que te vas a morir con tantos cáñamos en el cuerpo. Toma uno mío, que es tabaco natural—. Ezequiel sonrió al ofrecerle. Este también le dio fuego. Ambos, al mismo tiempo, echaron una bocanada de humo.

—Fumamos y nos vamos. ¿Te parece?

—Sí, claro.

El mayor de la familia Sánchez pareció más tranquilo. En ese momento pensó que era mejor llegar acompañado al punto de encuentro y no solo.

La explanada estaba a doscientos metros. Los nuevos amigos apuraron el cigarro y se dirigieron hasta allí. Había dos camiones y alrededor de ellos unas cien personas. Juan José, a pesar de que era noche cerrada, se fijó por si encontraba caras conocidas. Parecía que los voluntarios no eran de Santa Cruz y sí de pueblos aledaños. Algunos de ellos estaban acompañados por familiares.

Ezequiel, al percibir tanta multitud, se dirigió a su compañero. Tuvo que hablar alto para que se enterara. El murmullo se convirtió en atronador. Besos y abrazos no se detenían entre los que partían al frente y las personas que acudían a la despedida. El llanto también eran constante entre muchos.

—¿Y ahora qué hacemos, a dónde vamos?

Parecía sobrepasado por las circunstancias que se estaban dando allí en esos momentos.

En el instante alguien se acercó a ellos.

—¡Hombre, te esperaba!

Era el individuo al que días antes Juan José conoció en la caja de reclutamiento; y el que arregló los papeles del alistamiento.

—¿Tú quién eres?

Se dirigió mirando a la cara del acompañante.

—Me llamo Ezequiel y vengo desde La Carolina, provincia de Jaén.

—Ah, vale, venid conmigo—.

El reclutador levantó la mano derecha en un gesto de indicar el camino al que se tenían que dirigir. Le siguieron hasta una fila donde se entregaban los documentos de alistamiento. Allí también se recibían órdenes y los primeros suministros que portarían, entre ellos una manta, un morral para enseres personales y un mono que serviría de uniforme.

Mientras que esperaban, el reclutador les explicó en qué consistía el primer día en las milicias.

—Cuando estemos preparados, nos iremos a Puertollano. Allí se permanecerá el tiempo que los mandos consideren oportuno antes de salir al frente. Preveo que la instrucción será corta porque se necesitan refuerzos. Los fascistas están ganando terreno en algunas zonas y es necesario frenarles.

—¿Iremos a Madrid?

Juan José quiso saber el destino final.

El reclutador tampoco lo tenía claro, puesto que él mantenía otro cometido dentro de la infraestructura diseñada por la República.

—Sé que vuestra incorporación estará entre las Brigadas de Lister y las Internacionales. Digo algo por decir, pero tampoco me hagáis mucho caso. Desde allí se reparten según objetivos. Es verdad que en Madrid se necesitan muchas manos y soldados. A pesar de parar el primer intento por tomar la capital, después del avance que tuvieron por el sur, estamos convencidos de que se volcarán otra vez contra nosotros con más fuerza. Quieren dejar la ciudad aislada del resto de las zonas fieles a la República.

Juan José y Ezequiel se miraron. La verdad es que ninguno sabía ni quién era Lister ni de qué hablaba el interlocutor cuando se refería a las Brigadas Internacionales. Anhelaban que no les separasen a pesar del poco tiempo que se conocían. Llegaron juntos y anhelaban seguir así. Llegó el momento de pasar al puesto en el que se realizaba la incorporación final a las milicias. Entregaron la documentación firmada, en la que daban su consentimiento, y recibieron los utensilios para la instrucción en un destino que desconocían. Un miembro de la caja de reclutamiento les avisó.

—Os ponéis el mono cuando lleguéis, entendido. Hasta que no estéis allí, todavía sois personal civil y no inscritos de manera oficial en el ejército. Vuestra suerte será la de todos los españoles de bien. ¡Viva la República!

Asintieron con la cabeza, a la vez que otro miliciano les indicó, tras el saludo con el puño izquierdo en alto, que se pusieran en la fila para montarse en uno de los dos camiones. Hacía mucho frío y se taparon con las mantas. El vehículo no tenía lonas de protección y el viaje se preveía muy duro. Menos mal que el tiempo dio una tregua y no llovía como en días anteriores. No obstante, la humedad era tanta que se calaba hasta en los huesos.

La expedición tardó unos diez minutos en organizarse y ponerse en marcha. El de Santa Cruz se dio cuenta de que el reclutador se subió a uno de los dos coches que acompañaban a los camiones. Los milicianos, cinco por vehículo, portaban fusiles de asalto para evitar cualquier contingencia en el camino a Puertollano.

Debido al mal estado de la carretera, repleta de barro, tardaron cerca de dos horas en llegar. Les recibieron soldados profesionales. Estos actuaban de instructores para los recién llegados antes de su incorporación a la primera línea de la guerra.

Ya en tierra, antes de tomar posiciones en varias filas, el reclutador se dirigió a Juan José.

—Aquí ha acabado mi cometido. A partir de ahora, de ti dependerá tu suerte. Yo me dirijo a otra población con la intención de captar a más voluntarios. La República nos necesita a todos, hombres y mujeres. Salud, camarada. Mucha suerte.

Mostró el agradecimiento por el paso dado. Esta vez las miradas se centraron en Ezequiel.

—Por cierto, en el morral he metido, para cada uno de vosotros, un poco de tocino fresco, queso y unas rebanadas de pan. En breve se repartirá el rancho diario, pero es por si tenéis más hambre después de tantas horas de camino. Vuestros hechos serán reconocidos por la historia. Debéis ser valientes y, de paso, mandad algún fascista a la hoguera, si es que hay ocasión de hacer.

El de La Carolina sonrió, dio las gracias y tendió la mano en señal de despedida, al igual que Juan José. Ya no le volverían a ver nunca más.

Antes del adiós, el captador demostró que tenía mando en el campamento de adiestramiento. Organizó que estuvieran siempre juntos, tanto en la primera parada como reclutas, además de en un futuro destino que les deparara la estancia en la contienda. Su influencia dentro de la estructura era muy alta.

Para ambos había empezado la participación en la guerra y Juan José pensó en las palabras dichas a la madre horas antes. Su intención era reafirmarse de que todo aquello formaba parte de una pesadilla y que saldría vivo de allí. Vio, además, a sus nuevos compañeros con la moral muy alta y motivados. Consideró, por tanto, que el objetivo y la promesa que le dio a la progenitora parecía fácil de cumplir.

—Volveré vivo.

—Volveré vivo.

—Volveré vivo.

Repitió tres veces en su interior, mientras no dejó de observar a Ezequiel. Este se dio cuenta de la profunda mirada que le dirigía.

—¿Qué te pasa?

Juan José continuó en su mundo, pero antes de que el compañero insistiera y, para no hablar de la despedida que tuvo con la madre, se dio cuenta de que el jiennense portaba un crucifijo colgado en el cuello. Derivó la contestación a la pregunta.

—¿Eres católico, sabes rezar?

A Ezequiel se le cambió la cara, puesto que era lo último que se esperaba oír de su nuevo amigo.

—No, me la ha dado mi madre de recuerdo. Me ha dicho que era de su abuela. No me he podido negar. Dice que me protegerá.

Se refirió al crucifijo.

—Pues espero que ese amuleto sirva para que nos proteja. Ja, ja, ja. Presiento que nos hemos metido en un charco—. Se volvieron a fundir en un gran abrazo.

# CAPÍTULO 11. PUERTOLLANO

—Venga, chicos, que no hay tiempo que perder. Me presento. Mi nombre es Jaime López de Mesalles y, a partir de este instante, seré el encargado de vuestra instrucción hasta que estéis preparados para ir al frente. Tenemos que trabajar duro en estos días porque nuestros compañeros nos necesitan en el campo de batalla. La República está en peligro y la debemos defender. Bienvenidos a la guerra.

Las palabras del mando de las milicias atronaron con fuerza en todo el campamento. La pasión con la que las pronunció provocó una gran algarabía en la mayoría. Todos comenzaron a entonar proclamas contra los sublevados, al grito de "No pasarán" y "Muerte al fascismo".

El instructor no quería perder el tiempo. La situación apremiaba a que una República que necesitaba, con urgencia, más efectivos en el campo de batalla.

—Todos en fila de a dos. Cuando estéis formados, mis ayudantes darán las órdenes oportunas. Como lo primero que pensamos es en nuestra salud, se os dirigirá a unos pabellones en los que ya podréis poneros la ropa proporcionada. La vuestra será desinfectada y puesta a buen recaudo. Además, si portáis piojos o chinches, se matarán y no quedará ninguno. Frente al enemigo, no podéis estar perdiendo el tiempo intentando quitároslos. Un piojo en vuestras cabezas impedirá neutralizar a un fascista.

Sus palabras provocaron la risa de todos.

—Antes de que mis colaboradores os dirijan hasta allí –continuó el miliciano– un tal Juan José Sánchez Ramírez, de Santa Cruz de Mudela, y con quien ha venido acompañado, un tal Ezequiel, que den un paso al frente; que se presenten rápido.

En esos momentos el estruendo era ensordecedor. De fondo se escuchaban ruidos provocados por los disparos de otros milicianos que realizaban prácticas de tiro.

Al instructor no le quedó más remedio que solicitar un megáfono y alzar la voz. Además, los reclutas hablaban entre ellos y buscó el método para ser mejor escuchados.

—Repito, que Juan José Sánchez Ramírez y un tal Ezequiel, de La Carolina, que se presenten cuanto antes.

El último se dio cuenta de que decían sus nombres.

—Nos están llamando—.

Ezequiel levantó la mano y tomó la palabra, agarrando del brazo a su compañero.

—¡Somos nosotros!— gritó varias veces hasta ser escuchado por el instructor.

—Venga, venid aquí rápido, no podemos perder el tiempo.

Los nuevos soldados se abrieron camino hasta llegar a la altura de Jaime López de Mesalles. Este no paró en ningún momento de reclamar hasta que los dos jóvenes se presentaron.

—Tengo órdenes de que vosotros estéis siempre juntos. No sé el motivo, pero voy a cumplir con la orden. A partir de ahora, os encargaréis de una de las dos compañías que se formen. Los otros dos nombres los elegiré al voleo.

Los jóvenes milicianos guardaron silencio. Solo de vez en cuando se miraron de reojo porque no entendían nada.

Al ver la cara de perplejidad del instructor, se quiso explicar, no sin antes mandar callar otra vez al resto.

—Es fácil. Seréis mi voz y ojos en la compañía, los encargados de transmitir las órdenes. Quiero que sepáis que solo ganaremos la guerra si hay disciplina. ¿Entendéis?.

Asintieron con la cabeza. El instructor pareció ya no tener nada más que decir.

—Ya podéis incorporaros con vuestros compañeros.

Se dieron la vuelta y formaron de nuevo a la espera de novedades. Mientras andaban en dirección al barracón, donde les aguardaban médicos para realizarlos una revisión de la cabeza y el cuerpo, Juan José tomó la palabra.

—Ezequiel, has entendido algo. Dice que seamos los responsables, como si lleváramos meses aquí. Me da la sensación de que este hombre no sabe que tengo 17 años y que la media de edad de nuestro grupo es mucho mayor que la mía. Me imagino que ese encargo no será inmediato y será mejor no sobresalir del resto.

El de La Carolina entendió a la perfección el objetivo al que se refería.

—Eso evitará problemas con nosotros, compañeros de quinta. Al fin y al cabo, todos somos novatos y, si estamos aquí, es por la misma causa, aunque unos para ganar dinero, es tu caso, y otros, al igual que yo, voluntarios por afinidad ideológica con la República. Me da que no me equivoco.

En las puertas del barracón esperaron unos minutos antes de entrar. Las cosas iban despacio y los reclutas pasaban en grupos de cuatro. Primero, los médicos chequeaban sus cuerpos y cabezas, para después desprenderse de sus prendas y vestir el uniforme reglamentario. Toda la ropa se rociaba en zotal antes de dejar a buen recaudo a manos de milicianas. Ellas hacían paquetes en los que se registraba el nombre y apellidos de cada recluta. A quien localizaban piojos en la cabeza o chinches, se le instaba a rapar el pelo al cero y lavar el cuerpo con un producto antiséptico.

Cumplieron con todos los trámites y evitaron el corte de pelo. Ellos mismos se confesaron que sus madres eran muy escrupulosas con este tipo de temas. Juan José apuntó la obsesión de Raimunda por la limpieza, sobre todo de la cabeza de sus hijos.

—Mi madre siempre dice que podemos ser pobres, tener hambre, pero no dar la sensación de que vivimos en la miseria.

Fuera del barracón estrenaron los nuevos trajes proporcionados en la caja de reclutamiento. Se miraron el uno al otro y se echaron a reír.

—Parecemos monos.

Las palabras de Ezequiel hicieron que su compañero lanzara una pequeña carcajada, apuntando algo más.

—Más que monos, mecánicos. En vez de ir a la guerra, parece que arreglamos camiones.

Ezequiel se quitó la gorra para dar a su compañero en la cabeza. Una carantoña que Juan José entendió muy bien. Era una señal de amistad que parecía fraguada en el tiempo, aunque solo se conocían hacía escasas horas. Se abrazaron de manera tan abrupta que incluso el de Santa Cruz perdió la respiración por un instante y le provocó tos.

—Cómo sigas apretando tan fuerte, me vas a matar y no los fascistas.

Se dolió por el abrazo, pero contento de conocer a Ezequiel y sus maneras de demostrar cariño y amistad.

Ambos formaron a la espera de que compañeros más rezagados, que se tuvieron que asear y cortar el pelo, pudieran incorporarse al grupo.

El tiempo corría despacio y el frío, tras una mañana soleada, después de varios días lloviendo, comenzó a hacer mella. Un colaborador de Jaime López de Mesalles se dirigió al grupo.

—Id a pedir mantas que, como sigamos mucho tiempo quietos, nos vamos a congelar. Tenéis permiso para fumar.

Transcurrido un periodo mínimo de tiempo, se repartió ropa de abrigo. Poco a poco se incorporaron el resto de reclutas hasta los 100 llegados esa mañana al centro de instrucción. Ya formados, se dieron las primeras órdenes.

—Como ya es muy tarde, hoy aprovecharemos para conocernos y ubicarnos en las zonas destinadas a descansar. Dentro de diez minutos tenéis el rancho preparado y, después de comer, organizamos cómo será la instrucción. Buena suerte, compañeros, y gracias por acudir a la llamada de la República. Antes de que rompáis filas, que Juan José y Ezequiel se queden un momento, además de Mariano Fernández y Rodrigo Tena, los cuatro reclutas seleccionados para llevar y dirigir las dos compañías.

Tras romper filas, Jaime López de Mesalles se incorporó y tomó la palabra como responsable. Quiso explicar su cometido, aunque los milicianos novatos ya tenían alguna idea sobre sus pretensiones.

—Quiero que seáis los ojos y guía de vuestros compañeros. Os encargaréis de mantener los barracones en perfecto estado para que no nos coma la mierda, además de intentar que cada hombre cumpla con su cometido mientras permanezca aquí. Algo vital, más si cabe. En el momento en que se reparta el armamento, será vuestra responsabilidad que esté en condiciones. Cuidarlo mucho, porque escasea y será el mejor compañero en el frente. Debéis concienciar al resto de que se ha echado una novia y que incluso dormirá con ella.

Los cuatro permanecieron atentos a las palabras del instructor. Era joven y con aspecto rudo. Jaime López de Mesalles se dio cuenta de que nadie le retiró la mirada, como esperando más explicaciones. Este las dio de corrido para no hacer dudar a nadie.

—Parece que estáis sorprendidos de que un individuo tan joven pueda ser el responsable de todo esto. Yo tampoco sé por qué he sido elegido, pero si me queréis conocer un poco más, comento que soy de Asturias, sindicalista de la CNT y parece que les ha convencido de que soy artificiero por mi experiencia en la mina. No preocuparos, aquí no se enseñará a fabricar bombas y a volar nada. Con que sepáis defender y utilizar fusiles, será suficiente. Los que os enseñarán a luchar de verdad serán aquellos extranjeros – señaló a unos hombres que hacían instrucción muy cerca de allí - que se han incorporado como voluntarios a la República.

El grupo se quedó mirando a esos hombres que entrenaban la lucha cuerpo a cuerpo. Eran la mayoría jóvenes que seguían las instrucciones de gente que parecía muy curtida y que parecía tener más habilidades. Mientras tanto, Mariano Fernández y Rodrigo Tena se marcharon a buscar el rancho. Juan José y Ezequiel se quedaron observando a los extranjeros referidos por el anarquista. Comentaron al unísono la escena.

—¡Y tendremos que aprender todo es!.

El de Santa Cruz fue mucho más allá.

—Me da que no seré capaz de aguantar tanta dureza.

Ezequiel animó a su compañero.

—Vamos a intentar adaptarnos. Además, somos hombres de campo que aguantan mucho. Se pasará un poco mal, pero estoy dispuesto a aprender y así me podré enfrentar a los franquistas. Tú seguro que estarás al nivel. Te ayudará el pensar que el dinero que vas a cobrar a final de mes ayudará a tu familia.

Juan José no titubeó.

—Hecho, amigo.

Hubo rancho de sobra. Los elegidos por Mesalles se dedicaron toda la tarde a organizar barracones, la limpieza y a cómo dormirían. Incluso, esa misma jornada, se aprovechó para repartir fusiles de asalto que comenzarían a utilizar al día siguiente. Eso sí, sin munición. Eso fue lo más significativo que explicó Juan José a sus nuevos compañeros.

—Según me han dicho, este es el arma que va a utilizar cada uno de nosotros desde ahora hasta que acabe la guerra. Según el instructor, quiere que sea como nuestra novia, que la queramos, durmamos con ella e, incluso, se me ocurre, la podríamos poner un nombre. Yo le voy a llamar Valentina, en homenaje a mi hermana pequeña.

En esos momentos, la mayoría de los miembros de la compañía bautizaron el armamento. Según iban comentando, gran parte de ellos eran homenajes a padres, madres, novias, hermanos... Muchos otros confesaron que les llamarían como familiares que estaban ya en el frente, algunos ya abatidos en combate. Entrada la oscuridad, se volvió a repartir rancho entre las compañías. —Estoy comiendo en un día más que en los dos últimos meses—, indicó Ezequiel.

El comentario provocó la sonrisa de más de uno. Llegó la hora de acostarse. El joven de La Carolina expresó un deseo y se le comunicó a su compañero.

—Ojalá que sea así siempre.

Tras la comida, se metieron en los camastros. El cansancio se había apoderado de ellos después de una primera jornada repleta de cambios y emociones.

Esa noche, ya alguno de los nuevos vigiló el barracón en el interior para garantizar la seguridad de los milicianos; se llamaba imaginaria y cada turno era de dos horas. Los más experimentados se encargaban del exterior. Estos sí que llevaban fusiles con munición por si la base era atacada por los sublevados.

Una vez dada la orden de apagar las luces, el silencio se apoderó del lugar de descanso. Eso sí, algunos tardaron en conciliar el sueño debido al nerviosismo. Juan José se quedó dormido enseguida, mientras que Ezequiel tuvo que salir varias veces a la calle, a pesar del frío, para fumar y hablar con unos compañeros que tampoco podían conciliar el sueño. Todos sabían que al día siguiente comenzaba lo bueno y que, a las seis de la mañana, se tendrían que levantar, ya uniformados, para iniciar la instrucción que les llevaría al destino final: el frente.

# CAPÍTULO 12. WALTER

Los primeros días en Puertollano fueron frenéticos. Desde la seis de la mañana, realizaron una instrucción de un nivel físico exigente. Carreras, lucha, cuerpo a cuerpo, prácticas de tiro... Los instructores eran conscientes de que se incorporarían pronto al frente,y aceleraron su puesta a punto.

También se acostumbraron a las órdenes de los adiestradores. Nunca ninguno de los nuevos llegados al campamento había escuchado a gente que hablaba raro, que no entendía, pero a la que obedecía sin rechistar. El lenguaje gesticular fue un hecho desde el primer día.

Juan José y su fiel Ezequiel se adaptaron a la solicitud de Jaime López de Mesalles, haciendo hincapié en el orden y la disciplina. El anarquista reconoció la gestión del de Santa Cruz de Mudela al frente de la compañía. Estas palabras siempre las decía delante del resto de los compañeros.

—¿Y tú dices que tienes 17 años? No es de creer porque pareces un viejo prematuro con experiencia en este tipo de situaciones. Te felicito por el excelente comportamiento y trabajo de la compañía. Me está sorprendiendo la actitud de todo el grupo. Si seguís así de unidos, bajo la tutela de Juan José, vais a comeros con patatas a los fascistas. Según los instructores, estos 100 reclutas son de lo mejor que ha llegado en las últimas fechas.

Estas palabras, pronunciadas a diario, dejaron de ruborizar a Juan José. Consideró que estaba desarrollando un trabajo e intentó cumplir según las órdenes. Al fin y al cabo, era como una peonada laboral en la que al final tendría un salario. Así se lo tomaba. Su compañía siempre era la primera en los cometidos que le encargaban y se encontraba muy orgulloso. Estaría encantado de que su padre, Alejandro, le observara por una mirilla para que se diera cuenta de que ya se había hecho mayor de edad, no por tenerla, sino por la madurez que estaba demostrando en aquellos momentos.

De las cosas que más sorprendieron a Juan José es que, poco a poco, el campamento se llenaba de gente que hablaba raro. No era capaz de distinguir en qué idioma se expresaban. Todo le sonaba igual.

Una mañana, al presenciar que un nuevo camión de milicianos llegó a Puertollano, quiso salir de dudas. Una vez acabada la instrucción, consideró que era el momento de conocer los motivos de la presencia de tanta cantidad de gente. Se dirigió a Mesalles, con quien había cogido confianza. Su intención era saber si tenían que dejar espacio en los barracones ante la llegada de tantos militares. El anarquista se explicó.

—No te preocupes, Juanjo, traen tiendas de campaña y su propio rancho. Aquí descansarán algunos días, con el objetivo de avanzar hacia Madrid. Vienen desde Albacete.

El joven siempre se había caracterizado por preguntar todo. Esta vez no fue una excepción.

—Perdón por mi imprudencia, pero ¿dónde se dirigen? ¿La situación está tan mal como para que tantos soldados vayan en dirección a Madrid?

El asturiano esquivó la respuesta, pero Juan José no se conformó. Quería obtener la mayor información posible.

—Me gustaría saber qué está pasando. Tenemos un objetivo común y, si sabemos con antelación la situación, seremos conscientes de dónde estamos y cuál será el objetivo al que nos enfrentamos.

Jaime López de Mesalles se quedó sorprendido por la franqueza de aquel chico de 17 años, confirmando así la madurez que presentó desde sus primeros días en el campamento. No tenía motivos para guardar ningún secreto.

—Te cuento porque tarde o temprano te vas a enterar, como el resto de tus compañeros. Los franquistas están avanzando sobre Madrid y quieren ahogar la ciudad por el este. Estas Brigadas Internacionales, con las divisiones de Lister, serán las encargadas de frenarles en las proximidades del río Jarama. El gobierno de la República quiere evitar que se corten las comunicaciones con Valencia, cuyo puerto es clave para recibir la poca ayuda que tenemos de otros países.

—¿Ves toda esta gente que habla raro? - continuó – No representan a nadie, solo a ellos mismos. Han venido aquí de manera voluntaria, no por decisión de otros. Tienen en común que son antifascistas. Si te digo la verdad, no te miento, Rusia es el mayor soporte bélico que tiene el gobierno. Ninguna otra nación se está volcando tanto con nosotros a nivel país.

Juan José se quedó pensativo. La verdad es que no entendía nada de la reflexión que estaba realizando el miliciano anarquista. Solo le sonaba la expresión antifascista, muy presente en España desde antes de comenzar la guerra. Mucho menos había escuchado la palabra Rusia y mucho menos que era un país. Así se lo hizo saber.

—Perdón, soy de pueblo y hay cosas que se me escapan. Yo entiendo de aceitunas, de campo, pero nada de otras naciones. ¿Le puedo hacer una pregunta, qué es Rusia?

El mando se quedó sorprendido por el comentario de aquel joven y respondió rápido y tajante para saciar sus inquietudes.

—Es el espejo político en el que muchos nos fijamos y de afinidad ideológica similar a la republicana. Por eso somos aliados.

Continuó sin entender nada.

—Bueno, no comprendo, solo sé que estos hombres que hablan raro son tan antifascistas como nosotros. Por tanto, son de nuestro bando y eso ya me vale.

En esos momentos unos instructores le comenzaron a llamar a voces para que se incorporara de nuevo al grupo. En breve comenzarían las prácticas de tiro, pero antes expresó un deseo

—Si vienen a ayudarnos, bienvenidos sean.

Esa tarde, las dos compañías de voluntarios dieron por bien acogidos a los brigadistas internacionales. En un acto de confraternidad, esa noche se reunieron para tomar el rancho juntos. Los procedentes de Albacete, donde las Brigadas tenían el campamento base, incluso cantaron y bailaron música tradicional de sus países. Ezequiel también participó y, acompañado de una guitarra que se encontró en un barracón, entonó canciones de su tierra. Además, se repartió algo de vino entre las tropas con la idea de confraternizar y alegrar la reunión inesperada.

Al día siguiente, extranjeros y manchegos compartieron entrenamiento. Los instructores plantearon una serie de ejercicios físicos para dar nociones de cómo se tendrían que desenvolver en el frente. Eran carreras de obstáculos que se realizaban con el fusil de asalto colocado en varias posiciones del cuerpo.

Jaime López de Mesalles se había quedado sorprendido en los días previos de la velocidad con la que ejecutaba Juan José los movimientos ordenados. Incluso, mejor que algunos de los brigadistas que tenían experiencia en combate al participar en la Primera Guerra Mundial.

Los ejercicios fueron observados muy de cerca por los jefes militares responsables de las Brigadas Internacionales. Uno de ellos puso principal énfasis en analizar a los participantes. Le llamaban Walter e iba acompañado por un voluntario inglés apellidado Wood. Este ejercía de traductor al hablar perfectamente el español. Por su comportamiento, se daba por sentado que dirigiría a las tropas brigadistas en el frente de Madrid. Tenía, además, modales de persona criada en el ejército y, por tanto, mucha experiencia militar. De carácter cercano, la noche anterior no dudó en compartir la cena conjunta con sus soldados e, incluso, bailó alguna canción de su nacionalidad, no escuchada nunca por aquellos lares manchegos.

Las tropas republicanas e internacionales se tomaron un descanso tras una dura instrucción. Como la noche anterior, compartieron almuerzo e intercambiaron opiniones, por gestos debido a la dificultad de la cantidad de idiomas que allí se mezclaban. Juan José y Ezequiel volvieron a hacerlo juntos. Fueron los últimos en recibir el rancho, ya que antes organizaron que el resto de compañeros estuviera bien atendido. Querían dar ejemplo y, por tanto, comenzaron a ser respetados y valorados en la compañía a la que pertenecían.

Ese día, como casi siempre, se prepararon sopas de ajo. Un plato rápido y de elaboración fácil para unos cocineros no muy profesionales. Se decía que no eran las mejores del mundo, pero estaban muy surtidas, les quitaba el hambre y, lo más importante, quitaban el frío presente en aquellas jornadas.

Ambos se apartaron un poco de la compañía. Habían localizado una pequeña explanada con sol y se sentaron a comer frente a frente, con el de Santa Cruz de espaldas a dónde se había servido el rancho. En el momento en el que se metieron la cuchara en la marmita, alguien se acercó por la espalda. Ezequiel se dio cuenta de quién era y se levantó para saludar. —¿Qué pasa, Wood? —era el traductor de Walter—, ¿ya has comido?

El británico asintió con la cabeza. Juan José, mientras tanto, estaba aprovechando el saludo de su compañero para continuar comiendo.

—Vengo a hablar con los dos—, apuntó aquel chico de cara intelectual, con gafas, con un buen nivel de español. Ezequiel se puso en pie.

—¿Qué quieres?

El inglés por fin resolvió la intriga.

—El general Walter os quiere ver en breve. Comer tranquilos y, cuando acabéis, me buscáis para que os pueda ayudar. Imagino que de polaco, inglés o ruso no tenéis ni idea.

—No.

Le contestaron a la vez.

Ezequiel mostró su preocupación por la visita y por desconocer el motivo por el cual el general quería hablar con ellos. Juan José se encogió de hombros. La futura reunión con el mando internacional también le cogió por sorpresa.

Acabaron de comer. El resto de soldados descansaba y se dirigieron a lavar los utensilios de comida. En el trayecto se dieron cuenta de que el tiempo estaba cambiando y se acercaban unas nubes muy negras que anunciaban agua.

Juan José intuyó que la incorporación al frente era un hecho.

—Me da que de esta no nos libramos.

Salieron del lavadero y se dirigieron a buscar a Wood. Le localizaron enseguida. Estaba acompañado de Jaime López de Mesalles. El grupo se saludó. Esta vez la conversación la inició el minero asturiano.

—Esperaremos aquí al general Walter porque tiene algo que deciros.

Juan José y Ezequiel intercambiaron miradas. Seguían sin saber a qué se refería.

—Mirad, ahí llega—advirtió el inglés. Comenzó a caer una lluvia intensa.

El general brigadista, unido al grupo, tomó la palabra. Fue despacio porque necesitaba traducción al español.

—Vamos debajo de la carpa.

Todos miraron al cielo por el primer trueno que cayó en el campamento.

El instructor se mostró atento. Estaba intrigado por las órdenes que quería transmitir el mando internacional. Su cara denotaba que no sabía a qué se debía esa cita. En algunos momentos su mirada también se centró en los nuevos milicianos.

Walker tomó la palabra de manera enérgica.

—No quiero demorar más el motivo por el que estáis aquí. He hablado con vuestro futuro jefe de División, el general Enrique Lister, para solicitar que alguno de los reclutas se incorporen a mi Brigada. He decidido que seáis ambos – por Juan José y Ezequiel—. He visto el comportamiento y considero que podéis ser claves en mi plan.

Wood no paró de traducir, incluso intentó imitar sus gestos.

—Mañana nos vamos hacia Madrid. A las siete tenéis que estar ya incorporados a mi grupo.

El general dio por finalizada la orden.

Juan José no dudó en conocer el motivo del cambio y se mostró osado. Mesalles sabía que el joven no se contentaría solo con conocer la noticia. Era raro que el general diera explicaciones sobre órdenes militares, pero esta sí quiso hacerlo.

—Os encargaréis de comunicar a los distintos puntos, actuaréis de mensajeros. Tranquilos, que no estaréis en primera línea.

 Walter se dio media vuelta, acompañado por su inseparable Wood, dejando a todos pensativos, incluido a un Jaime López de Mesalles que no se esperaba ese cambio de destino tan abrupto para dos de sus mejores reclutas.

—Prometo que no sabía nada. Debe ser que los generales tienen hilo directo y toman decisiones por el bien de la República.

Juan José quitó importancia a la orden recién comunicada.

—No se preocupe. Esto podría ocurrir, pero no a solo nosotros dos, sino al resto de voluntarios. Cumpliremos las órdenes. Como soy sincero, para mí es fundamental que, por el momento, estaremos juntos—, en referencia al compromiso del reclutador con los dos jóvenes el mismo día de su incorporación al campamento.

La lluvia ya no dejó de caer en toda la tarde. Aprovecharon para descansar y organizar sus pertenencias de cara a su viaje a Madrid, al igual que las Brigadas Internacionales, con las que compartirían su primera experiencia en el frente.

# CAPÍTULO 13. LA MONTERA

El 14 de diciembre de 1936, todo estaba listo para que las Brigadas Internacionales, con Walter a la cabeza, emprendieran la marcha hacia la capital. Juan José y Ezequiel, al igual que los otros voluntarios, prepararon el material necesario para el viaje: morral, mantas, ropa de invierno, el armamento... Incluso se entregó munición real para el fusil de asalto.

A las siete de la mañana, se tenían que incorporar al grupo de Walter. Ya levantados, antes de abandonar el barracón de la compañía, recibieron la visita de López de Mesalles. Se quería despedir de ellos.

—Insisto en el comentario que hice ayer. No tenía ni idea de vuestra incorporación tan rápida al frente. Las decisiones las toman los generales. Mi función acaba cuando ellos dicen. Espero que tengáis mucha suerte. ¡Viva la República!

Les dio la mano y un fuerte abrazo, correspondido por Juan José y Ezequiel. El asturiano les acompañó al punto de concentración de las tropas internacionales.

—Hasta aquí llega mi cometido— comunicó el responsable de instuctores a la vez que observaron el amplio dispositivo formado para ayudar a la capital en su lucha por frenar a los sublevados.

Buscaron a Wood, así se les ordenó la noche previa. Le encontraron esperando a que Walter se incorporara al grupo y diera la orden de partida. Se sorprendieron de que el campamento se estaba llenando de tanques.

—Sí, han llegado de madrugada procedentes de Albacete. Son de origen ruso, al igual que el personal que les comanda— recibieron explicaciones del traductor inglés.

—Pues la situación de Madrid debe ser extrema.

 Ezequiel susurró a Juan José y este asintió con la cabeza.

Walter llegó por fin al punto de partida. Se acercó y escuchó el comentario. Intervino.

—Wood, traduce. Sí, estamos muy preocupados. Intentan ahogar Madrid y, por eso, un buen número de tropas se va a desplazar en las próximas jornadas para frenar a esta banda de mal nacidos. Ahora solo debemos esperar la orden del gobierno para ejecutar los planes. Lucharemos contra los fascistas allá donde se encuentren. Espero contar con vuestro apoyo.

—A sus órdenes.

En ese momento, las columnas de camiones, tanques y soldados ya estaban iniciando la marcha.

Juan José advirtió que estaba desubicado por el cometido. Se dirigió a Wood.

—¿Y nosotros con quién vamos?

El inglés tenía las órdenes claras.

—No os preocupéis, vendréis conmigo. El general me ha dicho que esté pendiente. Sois los únicos españoles del grupo y quiere que lleguéis sanos y salvos a Madrid.

Captaron el mensaje y se tranquilizaron.

Minutos después, la XII Brigada Internacional se puso en marcha. El frío era insoportable y el cielo estaba encapotado, como la tarde anterior. Ya recorridos 20 kilómetros desde que salieron de Puertollano, comenzó a nevar y la maquinaria se ralentizó un poco. No hubo más contratiempos hasta Madrid, aunque las condiciones climatológicas retrasaron la llegada. A pesar de que era de madrugada, miles de madrileños, sabedores por dónde tendrían acceso, se echaron a la calle; les consideraban salvadores. Desfilaron muy arropados por la gente en dirección a la Puerta del Sol, punto en el que los brigadistas organizarían a sus tropas.

—Ahora, ¿qué hacemos nosotros?

Wood fue muy claro sobre sus destinos.

—Te insisto. No os dejaré solos porque Walter quiere que ambos estéis cerca de él. El general ha previsto que las tropas se distribuyan por todo Madrid, mientras que nosotros montaremos un pequeño cuartel en la calle de La Montera, que está por aquí.

El trío, más otros cuatro brigadistas, cargaron con su material y se dirigieron al destino final. Durante el trayecto, Ezequiel se dio cuenta de que había muchas mujeres apostadas en las esquinas. Wood ya conocía ese sitio de una visita realizada a Madrid antes de comenzar la guerra.

—Es el barrio de las putas, de las mujeres que hacen sexo a cambio de dinero. Un sitio muy frecuentado por los milicianos que vienen hasta aquí a ahogar sus penas.

A Juan José, siendo aún menor, le cambió la cara y Ezequiel sonrió al ver la cara de su compañero.

—Entiendo que eres virgen. Ya sabes, si quieres dejar de serlo, se lo decimos al inglés, que parece que las ha probado. ¿Es cierto eso?

Estaban llegando a la pensión. Antes de llamar a la puerta, el traductor respondió sin evasivas, sobre todo al jiennense.

—Pues sí.

El grupo lanzó una gran carcajada ante la respuesta.

—¿Y quién paga esto, la República?

Apuntó un francés miembro del grupo.

—Por supuesto.

El británico tenía todo controlado y se dirigió a una pequeña recepción en la entrada de la pensión. Allí se encontró con una mujer ya en edad madura.

—Hola, Celia. ¿Está todo preparado?

—Sí, como me dijeron, dos habitaciones y camas limpias. Ya sabes que el cuarto de aseo está en el exterior.

La mujer se quedó mirando a Juan José. A pesar de su altura, la cara delataba su juventud.

—¿Y quieres algo para el mozo que os acompaña? Me da a mí que algún día exigirá algún servicio necesario siempre para el cuerpo. Además, ya sabes que estamos en vísperas de la Navidad y nos encontramos muy melancólicos.

El traductor sabía a qué se refería Celia. Sus palabras tenían como destino a aquel joven de Santa Cruz de Mudela. Este no se ruborizó en ningún momento. Quiso dejar las cosas claras.

—No, gracias, he venido a la guerra a ganar dinero. Tengo que mandar el sueldo íntegro a mi madre.

A Celia se le escapó una sonrisa.

—Ja ja ja. Eso dicen todos.

Al poco tiempo, el grupo ya estaba en las habitaciones. La dueña del hostal les dejó algo de comida. La consumieron con voracidad después de estar casi un día y medio sin probar bocado. Wood se encargó del reparto y decidió que Juan José y Ezequiel estuvieran con él. A pesar de que Madrid recibió a los brigadistas con nieve, optaron por dar un paseo.

—Vamos a ver cómo están las cosas.

El británico hizo de guía de sus compañeros. Visitaron la Plaza Mayor, la Cava Baja... La capital era diferente a la que tuvo ocasión de conocer hacía algunos años. Mucha gente en la calle y milicianos armados. Observaron las barricadas colocadas y se pudieron ver varias pancartas, cruzadas de fachada a fachada, con el "No Pasarán".

Al día siguiente, Walker dio las primeras órdenes. Quería a Juan José cerca y este, poco a poco, se fue enterando día a día de los planes de defensa y ataque de la República. Ezequiel fue destinado a un quehacer similar al de un mensajero e iba, con una bicicleta, repartiendo las cartas que salían desde el estado mayor. El general valoró la velocidad demostrada en el campamento. Les llamaba las gacelas de manera muy cariñosa. Así se iba acercando la Navidad más triste que se recordaba en Madrid.

Las jornadas pasaron de manera muy rápida. La República avanzó en la estrategia y Juan José visitó, con la cúpula militar, algunos sitios donde se desarrollaría la batalla. No llegaron al punto exacto, pero desde lejos, en Vallecas, diseñaron el campo de batalla alrededor del río Jarama. Se dio la circunstancia de que un aviador italiano, caído en combate, portaba la estrategia de Franco de ahogar Madrid. La República, por tanto, sabía que el objetivo del sublevado era cortar el corredor que unía la capital con Valencia, ciudad desde la que salían la mayor parte de los recursos destinados a mantener la capital a salvo.

Juan José pasaba el tiempo libre en la pensión. En vísperas del último día del año, Wood y Ezequiel aún no habían llegado de sus respectivas tareas. Tardaban más de la cuenta y bajó a recepción por si Celia sabía algo de ellos. La dueña de la pensión dio algunos datos ocultados por sus compañeros.

—No les esperes despierto. Tiene pinta de que esta noche, por ser especial, no van a volver. Han salido con dos mujeres. Me imagino para qué.

Juan José se ruborizó mientras hablaba la mujer.

—Pues nada, me iré a la cama e intentaré dormir lo máximo posible. Mañana tenemos el día libre y quiero aprovecharlo.

—Me parece bien. ¿Has cenado ya?

Celia le decía siempre a Juan José que estaba flaco.

—No, se me ha quitado el hambre. Además, se me ha cerrado el estómago. Si soy sincero, estas fechas me dan mucha nostalgia. Pienso en mi madre, hermanos, sobre todo en los pequeños.

Al joven se le comenzaron a saltar las lágrimas y Celia se dio cuenta.

—Entiendo, la maldita guerra nos está matando en vida. Deberías pensar en que ellos están bien, que tú estás aquí por una buena causa y, algo fundamental, que sigues vivo. Ahora vete a descansar y, si tienes que llorar, pues no te reprimas. Pero no te duermas porque te llevaré algo de comer. ¿Te apetecen unos huevos con patatas? Es la mejor para celebrar el fin de este año maldito.

El joven sonrió y dio las gracias por el ofrecimiento de Celia.

—Me encantan, hace meses que no las como—ç.

Juan José se cambió de ropa nada más llegar a la habitación. No quería estar siempre vestido de soldado. Además, aunque fuera a cubierto, se ponía la boina de su padre. A quién le preguntaba respondía que con ella se sentía más protegido. Al fin y al cabo, prometió a su madre que volvería y pensaba que ese complemento para la cabeza le daba protección en esa maldita guerra.

Celia cumplió la palabra y se esmeró con el chico al que comenzaba a apreciar. Tanto que tenía el objetivo de que comiera como si no hubiera un mañana. Incluso, a los huevos y patatas, añadió pan y tres pimientos que se encontró en la despensa.

El chico se echó en la cama y fijó la vista en una vela encendida. Mientras se consumía, pensó en su familia, pero sobre todo en cómo estarían subsistiendo. Tenía fe de que el dinero ofrecido por la República ya hubiera llegado ese mes a la madre, al igual que anhelaba que todos sus hermanos aportaran a la casa.

Comenzó a cerrar los ojos cuando sonó la puerta. Ya ni se acordaba de la promesa de Celia. Se incorporó rápido y puso rumbo a ella, dispuesto a abrir. En un momento pensó que eran Wood y Ezequiel. La sorpresa se la llevó al ver, entre sombras, a una chica con una bandeja que además tenía un vaso de vino.

—Buenas noches, vengo a traer esto. Está recién hecho y es mejor que empieces ya.

—Gracias.

Una vez recibida la bandeja, Juan José quiso despedir a aquella muchacha joven, cuya figura detectó en la oscuridad. No tenía intención de marcharse.

—Celia me ha dicho que me quede contigo para vigilar que comas. Según ella, estás demasiado flaco y esta comida, a buen seguro, te ayudará a engordar.

Juan José depositó la bandeja encima de una mesa e invitó a la chica a que tomara asiento. Estaba dispuesta a cumplir órdenes.

—Espera, que también me he traído mi comida. Yo estoy sola aquí y he pensado que nos podríamos acompañar ¿Te apetece?.

—Sí, claro.

Hizo sitio en la mesa a la bandeja de aquella mujer que no había visto nunca en el mes que llevaba en la pensión.

La cena transcurrió rápida. Se notó que los dos tenían hambre y se comieron los huevos con patatas en poco tiempo. Al terminar, la chica se sentó encima de la cama. Juan José se sorprendió porque no hacía ningún ademán de despedirse.

—Siéntate a mi lado, ¿quieres?

Se mostró dubitativo y algo nervioso porque era la primera vez que estaba con una mujer y, encima, a oscuras.

—Venga, que no te voy a comer.

La chica ironizó y por fin se puso nombre.

—Me llamo Andrea y me ha dicho Celia que esté contigo el tiempo que tú quieras.

—¿Eres puta?

El joven fue directo y se vio superado por los acontecimientos.

—Bueno, visto en las circunstancias que estamos, pues es así.

La chica volvió a hacer un gesto para que Juan José por fin diera el paso y se sentara a su lado.

—No sé quién te ha mandado, pero la verdad es que no es el momento de nada. Además, no tengo dinero.

A la mujer no le pareció importar.

—Sin problemas. Celia dice que me quede contigo el tiempo que tú quieras. Se habla en la pensión de que eres el único virgen que se hospeda, pero si no te apetece, pues hacemos otra cosa. ¿Hablamos mejor?

Juan José se relajó y se fue acomodando al lado de la chica. La mujer rompió el hielo.

—Ya te he dicho antes que me llamo Andrea, tengo 24 años y soy de un pueblo de Badajoz, de Malcocinado. No me ha quedado más remedio que estar así para poder sobrevivir. Allí era maestra, pero la llegada de los nacionales me hizo huir. Tuve la mala suerte de que un bombardeo de los putos fascistas acabó con la vida de mi padre y madre.

El chico siguió en silencio. Estaba asimilando el daño sufrido por esa mujer.

—Uf, lo siento mucho. Son unos auténticos salvajes y mal nacidos.

Se atrevió y la acarició el pelo en señal de consuelo. Andrea le correspondió inclinando la cabeza sobre su hombro. Cuando este fue a contar su historia, se dio cuenta de que la mujer se encontraba dormida. La metió en la cama con mucha delicadeza para no despertarla. Él hizo igual y ambos acabaron entre las sábanas con la ropa puesta. Cayeron en un profundo sueño.

Sobre las cinco de la mañana, Juan José se despertó y encendió una vela que aún le quedaba. Al volver el cuerpo para observar a Andrea, esta ya no estaba. Ya no pudo dormir más. Ezequiel y Wood no aparecieron en toda la noche. Tenía claro que era la buena compañía dada por aquella mujer esa Nochevieja y eso le animó. Ya era 1 de enero de 1937, el segundo año de la guerra en el que cumplía 18.

# CAPÍTULO 14. CAMBIO DE PLANES

En el inicio de 1937, el sublevado Francisco Franco continuó con el plan previsto. Tomar la capital por la vía rápida supondría el final de la República. No obstante, no contaba que sus planes militares eran conocidos por el gobierno y los mandos republicanos. Para Miaja y Rojo, encargados de la defensa de Madrid, la sierra de Guadarrama dejó de ser una obsesión. El frente quedó estabilizado tras el primer intento y tenían suficientes fuerzas desplazadas hasta la zona. Además, el terreno montañoso jugaba a su favor. A cargo de las milicias confederadas que permanecían allí, la MAOC, el gobierno confió en os comandantes José Riquelme y Cipriano Mera.

Los principales movimientos, por tanto, se esperaban en las inmediaciones del río Jarama. El objetivo de los sublevados era cortar la comunicación Madrid-Valencia para ahogar Madrid por los cuatro costados. El gobierno de la República dio orden expresa a sus generales para que se centraran en esa posibilidad y destinó el mayor número de soldados a la zona. Por ese motivo, durante el mes de enero, además de las divisiones XI, XII, XIV y XV de la Internacional, el del Centro, formado por 30.000 hombres, tomó posiciones con sus respectivas brigadas mixtas dirigidas por los coroneles Eliseo Chorda y Ricardo Burillo.

No obstante, algo no cuadraba a los generales de la República porque el frente del sur llevaba ya algún tiempo descubierto, sobre todo por la parte de Getafe. Un cerro, el de San Cristóbal de los Ángeles, continuaba en manos de los enemigos casi desde el inicio de la guerra. Desde ese punto, se bombardeaba la capital de manera constante. Los franquistas lo tomaron el 6 de noviembre de 1936, conjuntamente con una localidad cercana, provocando la pérdida de una de las fortificaciones creadas como anillo protector del gran desafío de Franco: Madrid.

El ejército republicano intentó recuperarlo, pero su acción fue un despropósito. Aquel 12 de noviembre, la XII Brigada Internacional y las Mixtas lanzaron una ofensiva a plena luz, rechazada por los nacionales de Varela sin mayor problema. Además, ese día llovía mucho y los tanques T26 rusos se quedaron estancados. El resultado final fue de 270 milicianos fallecidos en las dos jornadas de combate. Por tanto, Miaja y Rojo no solo pensaban en parar a las tropas de Franco en las inmediaciones del Jarama, sino que también se tomó en consideración hacerse con aquel cerro que incordiaba Madrid a base de bombas. La capital, mientras tanto, se convirtió en un hervidero de soldados prestos a su defensa.

Juan José y Ezequiel, mientras tanto, seguían realizando trabajos en las Brigadas Internacionales del general Walter. Cada jornada se desplazaban a Vallecas para recibir las órdenes de cómo actuar cuando llegara la hora de la verdad. Ellos solo tenían un cometido: correr entre los puntos de los mandos y llevar mensajes en mano; así se evitarían problemas por si las comunicaciones eran intervenidas. Para ambos, todo cambió en la mañana del 17 de enero, cuando Enrique Lister se presentó en el puesto avanzado de observación abierto con vistas al río Jarama.

Los generales mantuvieron una conversación en presencia del traductor Wood y Juan José se percató de ello.

—Ezequiel, presiento que esto va a empezar en breve. Lister nunca había estado aquí. Deduzco que pronto entraremos en combate.

Su compañero asintió con la cabeza; sabía que tenía razón.

No había terminado de hablar el de Santa Cruz de Mudela cuando se dio cuenta de que Wood venía corriendo en su dirección. Parecía que tenía algo importante que decir.

—Walter quiere que os unáis.

—¿Para qué?

Ezequiel quería saber el motivo de aquella cita tan inesperada.

El inglés jadeó por el esfuerzo realizado, a pesar de la poca distancia que separaba a los dos jóvenes de los mandos republicanos.

—Ni idea, yo cumplo órdenes. Venga, os acompaño por si os quiere decir algo y se necesita que traduzca.

Se dieron prisa, se presentaron en la carpa y cuadraron ante sus superiores, a la espera de que alguien se dirigiera a ellos. Fue Lister el que tomó la palabra.

—Acabo de hablar con vuestro jefe en las internacionales sobre nuestros planes y me ha dicho que sois los mejores a la hora de correr. Necesitamos gente muy veloz para una operación rápida—.

El silencio se apoderó de todos, hasta que el general Modesto se unió a la reunión para explicarles su cometido.

—Mañana por la noche empezará el asalto a un cerro que nos está causando muchos problemas. Os hemos elegido para que desde retaguardia transmitáis, a la mayor velocidad posible, los planes de la operación. Estamos convencidos de que será fácil, ya que su defensa está compuesta por unos 400 soldados. Es fundamental tomar esa zona para que podamos abrir una punta de lanza por el sur.

Ambos escucharon. No entendían de estrategia militar, pero sabían que se les daba una orden por parte de un superior.

Walter no dejó de sonreír. Con su fiel Wood a la par, interrumpió a Modesto.

—Ya dije en Puertollano que pasaréis a la historia de la guerra y la República. Os he recomendado porque es lo que pide este momento.

Los milicianos estaban serios a pesar de las buenas palabras del general. Lister interrumpió.

—Vuestra incorporación será al batallón Thaelman, de brigadistas internacionales. Cuando acabemos allí, volveréis a vuestros puestos de origen. Mañana, a las siete, tenéis que estar en la Plaza Elíptica. ¿Sabéis dónde es? Si no es así, mandaré a alguien a vuestra pensión de la calle Montera para que os dirija hasta allí. Estar preparados.

Juan José se puso firme.

—A la orden.

Los compañeros aprovecharon esa tarde para dar una vuelta por Madrid. Ya al anochecer, Celia les preparó algo de comer. La intención era irse a dormir pronto, ya que querían estar frescos para el día siguiente.

Ya en la cama, se pusieron a hablar. El de La Carolina expresó un deseo.

—Esta noche me iría de putas por si mañana me ocurre algo y no puedo hacerlo nunca más.

—Venga, duérmete y no digas tonterías.

Juan José dio las buenas noches a su compañero y se quedó dormido. El jiennense tardó un poco más, no sin antes pensar en una futura protección divina.

—Tenía que haber aprendido a rezar.

A las seis de la mañana se levantaron con todo preparado. Celia les dejó algo de comer en la puerta de la habitación. Tras desayunar, bajaron a la calle donde se encontraba una moto con sidecar que les desplazaría al punto de encuentro. En el trayecto, dirección a la Plaza Elíptica, pensaron que había llegado la hora de la verdad.

El tráfico en Madrid era fluido a esa hora, ya que las calles estaban repletas de camiones que transportaban soldados a los respectivos frentes. Al ir en moto, esquivaron las avenidas en las que muchos escombros ocupaban las mismas. Desde hacía algunas fechas, los aviones del bando sublevado hostigaban a la capital y muchos edificios se encontraban demolidos a consecuencia de la multitud de bombas caídas. Esa misma noche, incluso, afectaron a la red eléctrica y la mayoría de Madrid amaneció a oscuras. El conductor de la moto, por tanto, se las tuvo que ingeniar para salvar los escollos para que se incorporaran a la brigada correspondiente.

Llegaron al punto de encuentro y la oscuridad aún tomaba las calles. Entre el enjambre de milicianos que partían hacia el frente, el motorista les señaló su destino y a quién se tendrían que presentar. No sabían su nombre, pero sí sus rasgos, como les indicaron el día anterior. Joven, alto, rubio... eran sus características. Juan José ya avisó a Ezequiel durante las últimas horas en la pensión.

—Me da que otra vez no vamos a entender nada.

Risas de ambos.

Le localizaron. Eso sí, antes de llegar hasta él, tuvieron un encuentro fortuito con compañeros ya enrolados en las brigadas de Lister, con los que coincidieron en el campamento de Puertollano. Observaron su cara de pavor por el miedo y nervios provocados por el hecho de entrar en combate. Ellos estaban igual.

Por fin alcanzaron al que a partir de ahora sería su nuevo jefe. Se presentaron ante él con gestos. Después de algunas muecas, aquel hombre empezó a reír.

—Dejad de hacer tonterías, que sé español. Mi nombre es Richard Stairmer y soy el comandante del batallón Thaelman. Mi nacionalidad es alemana, al igual que la de los que estaban allí.

Hizo un recorrido visual por los compañeros que les rodeaban.

—Ah, se me olvidaba, también hay algunos austriacos, sí, de la nacionalidad del nazi Adolf Hitler. Todos estos hombres me llaman comandante, pero soy como ellos. Aquí hay 1.500 individuos que piensan similar, que tenemos que acabar con estos fascistas españoles y, cuando volvamos, haremos igual con ese enano —en referencia a Adolf Hitler— que está convirtiendo a Alemania en un país de terror.

Escucharon a ese joven que también se declaró comunista.

Después de las presentaciones, el mando de las Brigadas Internacionales les explicó su cometido.

—Esta noche por fin tomaremos el Cerro de los Ángeles. Quiero de vosotros que sirváis de enlace entre los grupos que iniciarán el asalto. Me han dicho que sois muy rápidos. Esta vez no fallaremos.

Les recordó que su batallón intervino en el intento fallido de recuperar aquella cota tan importante para proteger Madrid. Allí participamos, pero nos mandaron al matadero. Hicimos un ataque de día y se defendieron muy fácil. Esta vez no será así y acabaremos con la resistencia. Prometo venganza por el fallo en el primer intento y por eso mi batallón se ha presentado voluntario para iniciar las hostilidades.

Se miraron al escuchar al comandante. Tuvieron el mismo pensamiento.

—Podrían ser otros los que hicieran esto.

A la vez seguían con la vista a ese hombre encolerizado y envalentonado por la posibilidad de ser los primeros en acabar con la resistencia del ejército sublevado.

—Pues ya sabiendo vuestro cometido, en media hora nos ponemos en marcha. Quiero que estéis cerca de mí.

Les dio una orden de cara al inicio de las hostilidades.

Las tropas republicanas comenzaron la marcha. Miaja y Rojo consensuaron el plan con Lister y Modesto. Decidieron que los batallones Thaelman y Ektar Andree fueran la punta de lanza, acompañados de tanques rusos que les abrirían el paso desde los alrededores de Getafe, en cuya población ya se producían fuertes combates entre republicanos y sublevados.

Las tropas leales al gobierno avanzaron, en primer lugar, en dirección a Villaverde, punto en el que enlazaron con los primeros defensores de la zona sur de Madrid. Estos, a cargo del general Miaja, tenían la orden de abrir el paso a los internacionales, que ya de noche tuvieron a la vista el objetivo. El avance de la infantería fue tan rápido que, incluso, se tuvo que esperar a los tanques para comenzar el asalto final. Después de algunas escaramuzas en puntos cercanos al Cerro de los Ángeles, este ya se encontraba en el punto de mira.

Juan José y Ezequiel se mantuvieron en la retaguardia a la espera de acontecimientos. El batallón Thaelman ya estaba preparado y los jóvenes reclutados dispuestos a establecer el contacto con el alto mando si es que se les necesitara. A las 00:00 horas del día 19 se dio la orden final y las tropas republicanas comenzaron el asedio al ejército franquista. Durante la espera, echaron de menos al traductor Wood. Walker, su superior, decidió trasladarle a otro punto, a las las inmediaciones de la Ciudad Universitaria. Allí, los sublevados empezaron a incordiar a un buen número de brigadistas internacionales y se necesitaban refuerzos, además de intérpretes. No supieron nunca más de él.

# CAPÍTULO 15. MALDITO CERRO

Los tanques rusos comenzaron la ofensiva. Avanzaron sin pausa hasta la ladera del cerro e iniciaron un bombardeo feroz contra los puestos de franquistas atrincherados.

Después del intenso lanzamiento de material bélico, los republicanos esperaban el retroceso de los sublevados. No se produjo. El comandante Ricardo Belda, segundo jefe militar de la zona tras el teniente coronel Monasterio, tenía diseñado un plan defensivo por si se intentaba reconquistar el cerro. Para ello, aprovechó las fortificaciones construidas por la República tras conocer el golpe de estado del general Franco. Los soldados tenían la orden de no abandonar las trincheras arrebatadas a los republicanos. Todo indicaba, por tanto, que iba a costar recuperar aquella cota considerada vital para el devenir de la guerra.

Lister y Modesto dieron por terminados los bombardeos. Viendo la resistencia franquista, lanzaron sobre ellos a las tropas de tierra disponibles. 500 metros les separaban. Aprovechando la oscuridad de la noche, el avance se convirtió en una batalla cuerpo a cuerpo, en la que cada trinchera se conquistaba a base de sudor y mucha sangre.

Sobre las tres de la mañana, Richard Stairmer solicitó, por fin, los servicios de Juan José y Ezequiel.

—Llegó vuestro momento. Tenéis que dividiros para llevar a la cabeza del frente las indicaciones y movimientos que se ordenen desde el alto mando. Deberéis turnaros porque las posiciones de ataque están muy alejadas y debo disponer a alguno fresco por si sucede cualquier cosa. En cinco minutos quiero al primero corriendo. Hay que tener en cuenta que es de noche, el terreno es difícil y que vuestro olfato debe llevaros hasta allí. ¿Quién se ofrece de voluntario?

Los jóvenes se miraron ante la pregunta. Ya sabían que era el instante de entrar en combate. Se conocían hace poco, pero con un gesto sabían cómo entenderse.

—Yo.

Respondió Juan José aunque Ezequiel le quiso quitar la idea de la cabeza.

—Déjame a mí. No hay motivos por los que quieras ser el primero. El de Santa Cruz de Mudela le miró. No tenía ganas de responder, pero ante la insistencia de su amigo, fue claro.

—Hemos venido a esto y alguna vez tenía que ser la primera. Venga, déjate ya de tonterías y ayúdame con el morral.

Se presentaron otra vez ante Richard Stairmer.

—Ya estoy listo. Dígame qué hay que llevar.

El alemán dio unas pequeñas cartas al joven voluntario, que Ezequiel ayudó a acoplar en la mochila. Consideró que les faltaba algo en el equipaje.

—Y si vienen los malos, ¿con qué os vais a defender? Anda, tomad dos pistolas y la suficiente munición por si es necesario. Los fusiles de asalto pesarán mucho durante vuestras carreras.

Juan José cogió la suya y, con la ayuda de un cinturón, se la colocó. Antes de guardarla, vio que tenía las balas suficientes para hacer frente a cualquier contratiempo.

—Me voy ya.

A Ezequiel no le dio tiempo a desear buena suerte a su amigo. Este comenzó a correr ladera arriba en dirección al frente. No se tomó ni un respiro, pero esos 500 metros hasta la cabeza del frente se le hicieron eternos. Tuvo que salvar muchos escollos, principalmente piedras, para llegar a la cima. Se dio cuenta enseguida de la crudeza de la guerra al encontrar por el camino algunos cuerpos sin vida de compañeros. Tardó alrededor de 10 minutos en tomar contacto con la primera línea; estaba jadeante por el esfuerzo. Conocía a quién debía dar aquellas cartas.

—¿Quién es el teniente Markus Wolker?— preguntó sin saber si le entenderían, puesto que era consciente de que la punta de lanza la formaban alemanes y austriacos. Con gestos, un brigadista indicó la posición del mando; daba voces sin parar. Se presentó y, sin mediar más palabras, entregó aquellas cartas. El superior también le entregó unas misivas con destino a la retaguardia. A Juan José solo le dio tiempo a beber un poco de agua de una cantimplora y comenzó otra vez a correr en dirección al punto de partida. Llegó sin problemas.

—Ya estoy aquí. Esto es para usted.

Richard Stairmer abrió unos pequeños sobres. Leyó el contenido y, en menos de dos minutos, preparó otros que entregó a Ezequiel.

—Ahora te toca a ti. Espero que seas tan rápido como tu compañero. Mucha suerte.

El jiennense hizo el mismo recorrido y tampoco tuvo novedad en la entrega. Durante toda la noche se repartieron el trabajo, pero cada viaje costaba más, ya que los brigadistas estaban muy cerca de los muros del monumento a San Cristóbal.

Cada vez que regresaban, siempre el mando del batallón Thaelman se lo agradecía con las mismas palabras.

—Buen trabajo. La República está contenta con vuestro cometido y seguro que va a recompensaros. Sois unos valientes.

Empezó a amanecer y los sublevados retrocedieron tanto que se comenzaron a atrincherar en el monumento. Este mensaje fue el último que hizo llegar Wolker a la retaguardia. Juan José fue el perceptor y volvió otra vez sobre sus pasos. A mitad del camino, una bala le alcanzó en el brazo derecho. Decidió que no era tiempo de parar y siguió avanzando hasta llegar a Richard Stairmer. Una vez que entregó las últimas noticias, se dio cuenta de que la sangre le salía a borbotones.

—Sanitarios, sanitarios.

El alemán gritó desesperado a pesar de que Juan José no dio importancia a la herida.

—Es un rasguño.

En ese momento cayó al suelo, mareado al ver tanta sangre y el esfuerzo realizado. Los enfermeros le cogieron en volandas para llevarle a un puesto que ejercía de hospital. Perdio un poco la conciencia. La bala le alcanzó al bíceps, pero tuvo la suerte de que el impacto solo rozó la extremidad. Le cortaron la hemorragia y dieron tranquilidad.

—Has tenido suerte. Si te pega de lleno, te arranca el brazo—, aseguró uno de ellos.

En aquel punto, recibió la visita de Ezequiel y del comandante alemán que les anticipó una buena noticia.

—El Cerro de los Ángeles es nuestro. Felicidades a ambos. Me da que ya no es necesaria vuestra presencia. Procuraré que salgáis de la zona cuanto antes. Hay camiones preparados para transportar a los heridos y ambos os iréis a Madrid en breve. Merecéis un descanso y enhorabuena de parte de los generales Lister y Modesto. Con el buen trabajo realizado, me da que pronto volverán a recurrir a vosotros.

Ezequiel respondió también en nombre de un Juan José que se encontraba adormilado.

—Gracias, lo conseguimos.

Dos días después, los republicanos ya tenían el control del objetivo marcado. Juan José, ya andando por sus propios medios, y Ezequiel emprendieron el viaje de vuelta acompañando a una multitud de heridos. Además, la ofensiva tuvo como consecuencia que se apresaran a 400 soldados enemigos, que fueron trasladados a la capital. Eran reclutas forzosos del ejército de Franco, sin experiencia militar, juzgados y, a la vez, amnistiados por Dolores Ibarruri. Esta decisión la tomó con la condición de que volvieran al frente, pero esta vez defendiendo al gobierno democrático vigente. También fue trasladado el comandante Ricardo Belda, fusilado días después por alzarse en armas contra la República.

Ya en Madrid, se dirigieron otra vez a la pensión de la calle Montera a la espera de un nuevo destino. Allí se enteraron de que tanto esfuerzo por reconquistar el Cerro de los Ángeles había sido baldío. Los generales Miajas y Rojo no se pusieron de acuerdo en cómo consolidar la posición y el ejército sublevado, muy reforzado, aprovechó la circunstancia para volver a tomarlo. Tropas marroquíes y legionarios se encargaron de reconquistar la cota, cuya defensa costó la muerte a más de 250 republicanos. A partir de ese momento, las baterías de cañones instaladas se encargaron, nuevamente, de asolar la zona sur de Madrid en ese periodo de la contienda.

# CAPÍTULO 16. EL DÍA MÁS TRISTE

Pasaron las jornadas. La ciudadanía de Madrid ya presentía que el asedio era un hecho. La capital era un constante movimiento de tropas y un sinfín de soldados fueron movilizados en el intento de frenar las embestidas del ejército de Franco, que a principios de enero de 1937 ejecutó un nuevo asalto. Después de un ataque frontal, los sublevados envolvieron la ciudad por el noroeste. Tenían dos objetivos: aislar a los milicianos de la sierra de Guadarrama y cortar el corredor que la unía con Valencia. La República pudo estabilizar ese frente, aunque con muchos sacrificios, porque los franquistas llegaron hasta casi las mismas puertas de la capital por la carretera de La Coruña.

Juan José, todavía con el vendaje en el brazo por el balazo recibido, y Ezequiel esperaban otro destino. Vieron de cerca aquel movimiento de tropas dentro de la capital, además del afán de las organizaciones políticas de fortificar el perímetro de las calles principales con fuertes barricadas. La República repartió armas y estas se convirtieron en un tentáculo más de su ya mermado ejército.

Después de unos días de permiso, les citaron en el cuartel general, su primer destino desde que salieron de Puertollano el 4 de febrero. Abandonaron la pensión muy pronto y se dirigieron al centro del alto mando. Tenían que preguntar por el brigada Salvatierra, el encargado de transmitir las nuevas órdenes.

Rápido le localizaron, aunque en un principio no les pudo atender debido a que estaba de oyente en una reunión en la que se decidía el próximo paso para defender Madrid. Juan José y Ezequiel se sentaron en una silla. Tardó una hora en aparecer.

—Ahora os llamo.

Les indicó aquel militar entrado en años y que se había mantenido fiel al gobierno democrático. A los diez minutos, se reunió con ellos y fue muy escueto. A cada uno las órdenes se las dio por escrito.

—Aquí tenéis. Si queréis, las abrís conmigo delante, pero avanzo que mañana estaréis de nuevo en el frente.

Ezequiel vio que no era necesario. Recibió su carta y la de Juan José.

—No se preocupe, me imagino que otra cosa será prioridad. Nosotros ya nos vamos.

Salieron del despacho. Además del frío, comenzó a llover de manera incesante. Se pusieron a caminar, pero decidieron parar debajo de una marquesina. El jiennense invitó a fumar un cigarrillo a su compañero. Como parecía que la lluvia no cesaba, se sentaron en un escalón hasta que escampara. Era la mejor decisión debido a que la pensión de la calle Montera estaba muy retirada y llegarían empapados. En ese mismo momento, además, una bomba cayó cerca.

—No nos dejan en paz ni lloviendo.

Juan José ironizó mientras dio una calada al cigarro. Su amigo hizo igual, a la vez que le miró a los ojos. El estruendo de los aviones era insoportable.

Presenció cómo la gente corría despavorida buscando la puerta del metro más cercana, refugio improvisado durante los bombardeos de la aviación sublevada, en superioridad a la que se declaró leal al gobierno.

—Nos quieren enterrar vivos; son unos salvajes.

El de Santa Cruz  fue tajante mientras contemplaba cómo un edificio ardía tras ser alcanzado por un proyectil. Este hecho no parecía ir con ellos después de la primera experiencia en el frente del Cerro de los Ángeles. Continuaron sentados, apurando el cigarro.

—Ya se cansarán.

Fue un pensamiento único.

Durante el bombardeo, olvidaron las órdenes recibidas de mano de Salvatierra para su incorporación inmediata. Creyeron conveniente abrir las cartas una vez puestos a salvo en la pensión. Aprovecharon un parón en el ataque del bando sublevado para iniciar la marcha. No podían permanecer mucho tiempo en ese lugar y era mejor llegar cuanto antes. La lluvia parecía un mal menor en comparación con las bombas que podrían caerles en la cabeza.

Nada más entrar por la puerta, Celia advirtió a Juan José de que el cartero militar había pasado y dejado un sobre a su nombre.

—Vale, gracias, ahora lo recogeré; me imagino que estará en la habitación.

Preguntó el de Santa Cruz mientras intentaba quitarse el abrigo que llevaba completamente empapado.

—Sí. Como ha habido mucho correo para los alojados, lo he dejado en cada una de vuestras habitaciones.

Cogió la llave y subió al primer piso, donde estaba la que compartía con Ezequiel. Vio un sobre encima de la mesa, a su nombre y con el remite de su madre. Se dirigió a su compañero restando importancia a la carta.

—Miramos primero las órdenes y luego la leeré

Las abrieron a la vez, aunque fue Juan José el primero en leerla.

—Pues nada, lo que me esperaba; tengo que estar el día 6 en el puente de Vallecas. ¿Y tú?

A su amigo se le cambió la cara. Algo fallaba.

—Debo presentarme en Moncloa esa misma jornada.

No intercambiaron más palabras; sabían que su destino se separaba por primera vez desde que salieron de Santa Cruz de Mudela.

—Nos prometieron una cosa, pero me da que las circunstancias y las necesidades han hecho cambiar. Yo continúo con las brigadas internacionales.

Fue el anuncio de Ezequiel, que dejó la orden encima de la cama y se abalanzó sobre Juan José para darle un abrazo.

—Alguna vez tendría que llegar.

El jiennense quiso que su amigo se comprometiera a algo.

—Te tienes que cuidar; yo también lo haré. Tenemos que salir de esta y continuar como los mejores amigos del mundo.

Esperó una respuesta afirmativa, que se dio al instante.

—Seguro.

Se volvieron a abrazar y las mejillas se inundaron de lágrimas. Comenzaron a llorar.

Un instante después, el de Santa Cruz se separó. Se dio cuenta de que la carta de la que le habló Celia se había caído al suelo. La cogió y se sentó encima de la cama para leerla.

Su compañero le interrumpió.

—¿De quién es?

—De mi madre.

Sabía que ella no la había escrito. Desde el primer momento pensó que fue el maestro del pueblo, con el que tenía mucha amistad.

Abrió el sobre y vio que era muy corta. La leyó despacio y en poco tiempo. Le cambió la cara.

—¿Es grave? ¿Ha pasado algo?

 Su amigo comenzó a preocuparse, y más cuando comenzó a leerla. Lo hizo despacio y en voz alta. La carta estaba fechada el día de Navidad de 1936.

—Estimado Juanjo —así lo llamaba la madre cuando se dirigía a él en la intimidad—: *"Espero que estés bien. No sé cuándo te llegará esta carta, pero quiero que entiendas la decisión que he tomado. La situación es difícil en el pueblo y ya es complicado mantener a todos tus hermanos, a pesar de que los mayores se esmeran en traer dinero a casa. Por eso he decidido inscribir a uno de los pequeños, a Valentín, en el programa que la República ha puesto en marcha para proteger a la infancia. Será mandado a Francia hasta que acabe la guerra. Deseo que me perdones. Cuídate mucho."*

Juan José comenzó a llorar de manera desconsolada. Ezequiel tiró la carta al suelo y se acercó.

—Hay que pensar que lo que ha hecho es por su bien. Me imagino que otras familias han actuado igual. Ahora solo tienes que centrarte en cuidarte y, cuando volvamos, después de la guerra, estoy convencido de que ya estará allí para recibirte con los brazos abiertos y muchos besos.

Las mejillas de ambos se volvieron a llenar de lágrimas. El miliciano se echó la culpa por no estar cerca de su madre y hermanos en esos momentos.

—Nunca debí abandonarlos por esta maldita guerra.

Ezequiel lo volvió a abrazar aún más fuerte que unos segundos antes.

Se hizo el silencio. Intentaron olvidar las malas noticias recibidas ese día cuanto antes. Sabían que en pocas horas tendrían que incorporarse de nuevo al frente y deberían ahogar las penas demostrándose aún más amistad. Disfrutaron las últimas horas juntos, como si ya no fueran a verse más. Ya que el voluntario de La Carolina tenía algo de dinero, esa tarde invitó a Juanjo a un café en uno de los pocos locales que todavía quedaban abiertos en Madrid, situado en la plaza de Santa Ana. Ambos desconocían que no se volverían a ver, aunque eso ya lo habían hablado y eran conscientes de que esa posibilidad podría existir.

# CAPÍTULO 17. PENÚLTIMA ESTACIÓN

Llegó el momento de volver a incorporarse al frente. Ambos pasaron la noche intranquila y estuvieron despiertos hasta altas horas de la madrugada. Solo el cansancio les hizo mella en la recta final y, por tanto, no se enteraron de los primeros golpes que dio Celia, la encargada siempre de levantarlos, en la puerta. Al no escuchar ningún movimiento, optó por entrar con la llave maestra que tenía para todas las habitaciones.

—Venga, chicos, que se han pegado las sábanas. Recuerdo que, según me dijeron, a las seis de la mañana tendríais que estar preparados. Aquí dejó leche y un poco de pan para que tengáis algo en el cuerpo.

Tras realizar el mayor ruido posible, pegó un último portazo para que se enteraran de que estaba allí.

El primero que se puso en pie fue Juan José, que se dirigió a su compañero. Este quería seguir durmiendo un poco más y se dio la vuelta; se puso mirando a la pared.

—Ezequiel, date prisa, que son más de las seis. Te recuerdo que nos tenemos que presentar a la hora indicada y aún debemos recorrer gran parte de Madrid. Espero que el metro funcione porque si nos vamos andando, no llegamos.

Por fin se desperezó.

—¿Cómo has dormido?—, preguntó, mientras se incorporaba para sentarse en la cama.

—Me imagino que mal—, continuó.

Asintió con la cabeza. Ya vestido, se acomodó en una silla cerca de la mesa donde Celia había depositado algo de comida.

—No dejo de pensar en Valentín. ¿Y tú?

—Mal, eso de la separación no me gusta nada.

Mientras Ezequiel contestaba, se puso la ropa. Su compañero le instó a abrigarse porque el frío que hacía en ese momento era insoportable y, además, observó desde la ventana que llovía.

—Lleva dos días diluviando. Parece una coincidencia, pero cada vez que debemos ir al frente, se harta de caer agua.

Ezequiel solo se bebió la leche, a diferencia de Juan José, que apuró hasta el último sorbo.

—El pan me lo dejaré para cuando tenga hambre; ahora tengo el estómago cerrado.

Se terminaron de preparar y bajaron a la pequeña recepción. Allí estaba Celia para despedirse, al igual que Andrea, que se encontraba en la cocina.

—Alegrad esas caras, que cuando acabe todo estaréis en vuestro pueblo.

Ezequiel sonrió, mientras que Juan José guardó silencio. El primero contestó.

—Esto no es un adiós, es un hasta luego. No preocuparos que antes de irnos, vendremos a veros.

Celia también sonrió. No era la primera vez que despedía a milicianos que se marchaban con destino al frente, pero ellos eran especiales.

Era el momento de marcharse, el más duro desde que unieron sus vidas en Santa Cruz.. Llegaron al metro y vieron que funcionaba, eso sí, antes de cogerlo tuvieron que esquivar a mucha gente que se protegía allí de los bombardeos. Esa noche, además, fue dura porque los aviones de los sublevados castigaron una y otra vez Madrid. Ni el mal tiempo los frenó, premonitorio de que los ejércitos de Franco preparaban algo muy gordo.

Llegó la despedida. Los trenes iban repletos de milicianos. El primero que paró fue el de Juan José, que hizo un amago de no coger con el objetivo de estar más tiempo con su amigo.

—Venga, Juanjo, tienes que irte—, indicó Ezequiel con los ojos llenos de lágrimas. Se fundieron en un fuerte abrazo y desearon suerte. El de La Carolina animó a su compañero.

—En breves días quedamos en la pensión. El llanto de Juan José se convirtió en una sonrisa. Se abrieron las puertas del vagón y, a duras penas, pudo entrar. Pudo observó cómo Ezequiel se despedía desde el andén con la mano derecha puesta en el corazón. Ninguno de los dos sabía que ese instante era el último en el que demostrarían su gran amistad.

Juan José sabía el lugar en el que se tenía que incorporar, ya que estuvo allí algún tiempo antes de participar en la batalla del Cerro de los Ángeles. Se presentó a un teniente que esperaba a los que debían de reincorporarse. Ese día fue distinto, comparado con su primera experiencia en el frente, puesto que la acumulación de tropas denotaba que se cocinaba algo significativo, incluso llegó a contar unos 30 tanques. Parecía que se preparaba una ofensiva inminente.

El teniente, al conocer que ya estaba incorporado, se dirigió a él de manera muy distinta a los demás.

—El general Modesto quiere verte. Tengo entendido que te unes a su batallón.

Juan José asintió. El mando dispuso que dos soldados acompañaran al joven hasta su posición. Ya allí, vio una persona más nerviosa de cuando que lo conoció. En ese momento hablaba por radio y chillaba de manera alocada. La mañana del 6 de febrero seguía lluviosa y fría.

—¿Han empezado antes de lo esperado?

En ese momento un subalterno de Modesto dio las primeras órdenes.

—Las tropas tienen que ir dirección Rivas Vaciamadrid. Allí los esperaremos.

Estaba claro que la República conocía los planes de los franquistas, capturados a un piloto italiano. Parecía que lo tenía todo previsto, aunque no pareció lo suficiente. En ese instante, Modesto se enteró de que, con el objetivo de cortar las comunicaciones con Valencia, los sublevados habían tomado por sorpresa las inmediaciones del río Jarama. El movimiento de defensa fue rápido, porque los republicanos, con sus unidades avanzadas, pudieron repeler el primer ataque, pero no parecía ser suficiente.

Modesto, tras dar las órdenes pertinentes, se dirigió a Juan José.

—Te conozco bien por lo que hiciste en el Cerro de los Ángeles y sé que harás otra vez muy buen trabajo, Serás mi enlace con los puestos más avanzados—.

El alto mando se puso en marcha, una vez desplegado el ejército al frente del noreste. Ese mismo día, Juan José ya tuvo que actuar. Demostró estar en la misma forma que aquellos días de noviembre, al poco de alistarse en las milicias, cuando entró por primera vez en acción.

Así pasaron las primeras jornadas de la gran batalla de Madrid, aunque algo estaba descuadrando a los defensores de la capital que, poco a poco, fueron perdiendo terreno, excepto en las cotas de Rivas Vaciamadrid. Se atrincheraron, esperando solucionar la dispersión provocada por la manera de actuar de los franquistas, muy distinta a la que estaba recogida en los planes encontrados.

Sobre la marcha, dieron un giro hacia la capital aprovechando el desconcierto del rival. El lado derecho del río, que orilla Morata de Tajuña, fue tomado con facilidad, además de los puentes de Pindoque y San Martín de la Vega, conquistados tras sendos golpes de mano. Los milicianos, al verse superados, decidieron su voladura en la retirada. No obstante, las cargas no funcionaron y quedaron a merced de los sublevados que, a medida que pasaban las horas, se acercaban rápidamente a Madrid.

Tras seis días de fieros combates, el 15 de febrero la República cambió de estrategia. El general Miaja se puso al frente de la contraofensiva y aglutinó a su alrededor a la mayoría de los batallones. Confió en las brigadas internacionales, repartidas en la XI, XII, XIV y XV, que marcharon en dirección a Morata de Tajuña. Tras la estabilización de este frente, era fundamental salvar Arganda del Rey, cuyo paso era vital para las conexiones con Valencia y mantener Madrid con recursos suficientes para aguantar los envites franquistas. Con el general Pavlov al mando, el 17 de febrero se pudo, por fin, hacer retroceder a los enemigos y así sofocar el intento de ahogar a la capital. La batalla duró hasta el día 27 y los republicanos se dieron por satisfechos con el resultado. Habían conseguido retrasar los planes iniciales de Franco.

Juan José no dejó de participar en la batalla. Durante todos esos días, se encargó de llevar la mensajería hasta los puentes avanzados de Rivas Vaciamadrid. Acababa exhausto, pero esta vez, aunque las balas y las bombas aéreas siempre le perseguían, pudo hacer su trabajo con garantías. Fue felicitado por Modesto.
—Bien hecho, jovenzuelo. Aunque te veo más delgado, has conseguido que podamos parar a los rebeldes. A partir de este momento, te asciendo a cabo, lo que supone mayor paga. ¿Me imagino que estarás conforme?
—Sí, señor—, respondió, a la vez que el mando le entregó las instrucciones para que regresara a Madrid y se dirigiera a la Capitanía General, donde ya estaba tramitado el ascenso.
El miliciano pensó que el cargo llevaría una subida de sueldo y que el tiempo que durara la guerra aportaría más dinero a la familia. El general hizo saber que su misión había acabado en el frente.

—Además, aquí ya no haces falta. Las trincheras están aseguradas y veo difícil que hagan un nuevo intento. Quiero que cojas el primer camión con destino a la capital.

Dio las gracias y pensó en la hora de acostarse en una cama y lavarse un poco. La lluvia no había dejado de caer y el barro era parte de su uniforme, al igual que en el resto de sus compañeros.

En el vehículo de vuelta coincidió con el general ruso Pavlov, uno de los héroes de la batalla, a quien se reconoció como el gran causante de que muchos republicanos salieran vivos de allí. Otros tuvieron menos suerte porque aquel enfrentamiento costó la vida a cerca de 10.000 soldados. El bando sublevado también salió mal parado, ya que perdió a 7.000 efectivos de la División Reforzada de Madrid.

Pavlov comentó a Juan José, en el trayecto de vuelta, que agradecía su comportamiento.

—Tu entrega ha sido clave y, con tus carreras, has salvado a bastantes brigadistas. La pena es que muchos de ellos se hayan quedado en el camino.

# CAPÍTULO 18. AMOR EN TIEMPOS DE GUERRA

Ya en Madrid se presentó en Capitanía General. Su intención, en un primer instante, era pasar por la pensión para asearse. Sin embargo, el camión, en el que Modesto lo ubicó, paró primero por el Alto Mando del Ejército de la República, sito en la calle Infanta Mercedes. Tomó la decisión de acercarse a las oficinas para confirmar el ascenso prometido y preguntó por la situación. El oficial a cargo miró en un listado y en una carpeta. Así era, su nombre aparecía y el documento que lo oficializaba también. Además, se especificaba el nuevo sueldo mensual. Pensó que era una subida considerable.

—Es más de lo que me esperaba. Cuando lo reciba mi madre se va a poner muy contenta y orgullosa.

Recibió dos sobres con el nombramiento y el nuevo destino. Decidió dejar este último en la mochila hasta llegar a la pensión de la calle de la Montera.

Sabía que era mejor ir andando hasta el alojamiento que lo había servido de hogar desde que llegó a Madrid. Aunque fatigado por tantos días corriendo, subió por la calle Atocha en dirección al centro. Vio que hombres y mujeres se encontraban muy activos en cada barricada, controlando los pasos hacia las grandes avenidas. No lo pararon porque su imagen era la de un soldado recién salido del frente.

La mente se dirigió hacia los momentos en los que paseó por aquella zona con Ezequiel.

—¿Qué será de él? ¿Celia tendrá noticias? Esperaba que la mujer dijese que había estado por allí y se encontraba bien. Era su gran ilusión.

La puerta principal se la encontró cerrada. Golpeó dos veces, pero nadie contestó. Como sabía la habitación en la que dormía Celia, se quitó el fusil de la espalda, además de la mochila. Cogió algunas pequeñas piedras y las lanzó contra el cristal. Al tercer golpe salió la mujer gritando.

—Animal, que me vas a romper las ventanas.

En un primer momento, Celia no lo conoció, hasta que se fijó bien.

—Pero Juan José, si eres tú. Ahora mismo bajo.

El adolescente recogió todo el material y se acercó a la puerta, mientras que escuchó de lleno las pisadas de la mujer que bajó las escaleras corriendo. Abrió y de un salto se abrazó a él.

—Estás vivo, qué alegría.

Se abalanzó sobre él. Lo dio cinco besos en cada mejilla.

—Por ahora—, comentó el adolescente. A la vez que observó que a Celia no había tenido tiempo para vestirse, por lo que se presentó en bata y camisón; se la notaban los pechos. Juan José se fijó en ellos. Por primera vez veía a una mujer tan corta de ropa. Esta se dio cuenta de que la observaba.

—Perdón, espero que no te moleste. He pasado una noche muy ajetreada y estaba todavía en la cama. Venga, entra, que te vas a quedar frío. ¿Te preparo agua caliente para lavarte.

Juan José agradeció el detalle.

La mujer tardó muy poco tiempo en vestirse y en preparar el baño.

—Ya verás cuando se lo diga a Andrea. Estoy convencida de que se va a poner muy  contenta.

Ya en la habitación, lo primero que hizo fue mirar a la cama de Ezequiel.

—¿Ahora preguntaré por él? Espero tener buenas noticias.

Se quitó la ropa sucia, que según Celia olía bastante mal, y se aseó. Tardó poco en ponerse la misma vestimenta con la que salió de Santa Cruz de Mudela dirección a Puertollano. Ya en la recepción, Celia tenía preparado algo de comida caliente.  No se sentó en la mesa hasta no conocer qué había ocurrido con su amigo.

—No sabemos nada desde el día de vuestra marcha. Yo también pienso en él, al igual que he hecho contigo. Anda, venga, come, que se te va a enfriar el plato.

—Gracias.

Antes de meter en la boca la primera cucharada, se abrió la puerta de la cocina improvisada que tenía la pensión. Era Andrea con tres vasos en la mano y contenían vino. Tras saludarse, con dos besos, la nacida en Badajoz explicó el doble motivo por el que querían brindar con él.

—Primero, porque estás vivo; segundo,  es tu cumpleaños—.

—¿Mi cumpleaños? ¿Estáis seguras?—. Juan José pareció haber perdido la noción del tiempo.

—Sí.

Celia  aseguró que, al tener que revisar la ficha, se dio cuenta cuenta de que cumplía 18 años.

—Pues gracias.

Andrea también preparó comida para ellas para que Juan José no se viera solo ese día tan especial.

—Si hubiera estado aquí Ezequiel...

No dejó de pensar en él durante la comida, en la que comentó que había sido ascendido a cabo. También las puso al día de la situación en a la que en esos momentos se encontraba Madrid, asediada. Juan José las explicó que los milicianos se estaban comportando con una valentía increíble  por su entereza, fe en el combate y la victoria.

—¿Y ahora qué va a ser de ti?

Juan José salió al paso de la pregunta.

—Tengo arriba mi nuevo destino. Dispongo de días libres. Cuando lo vea, os lo diré.

Acabada la comida, decidió que no era el momento de abrir el otro sobre que lo entregaron. Quería coger la cama. Subió a la habitación, abrió las sábanas y se metió entre ellas. Tenía tanto sueño que no se desnudó. Durmió toda la tarde y despertó al día siguiente, de madrugada, por unos golpes en la puerta.

—Ya va. ¿Quién anda por aquí?—, preguntó Juan José dormido y aturdido por el despertar tan violento.

—Soy Andrea.

El joven abrió a la puerta y se encontró con aquella mujer con la que por primera vez  había tenido contacto físico.

—¿Qué quieres a estas horas? Si aún no ha amanecido.

Andrea  portaba una vela, pero se intuía que solo llevaba bata y camisón largo.

—Yo soy el regalo de tu cumpleaños.

El recién ascendido a cabo se quedó sin palabras, aunque la invitó a pasar.

—No entiendo qué quieres decir.

La chica se lo explicó.

—Me gustaría que conmigo perdieses la virginidad. Esto lo hago porque me da la gana y Celia no sabe nada.

La mujer se dispuso a quitarse la ropa.

—No, déjalo, no tengo ganas ni lo deseo.

El joven estaba cariacontecido, pero firme.

Andrea lo puso un dedo en los labios para que se callara. No dudó ni un instante.

—¿Me rechazas?

—No es eso, es que no soy como los otros, que me da que buscan aquí lo que ya no tienen por dejar en casa. No siento nada por ti y, por tanto, es mejor que te vayas.

La mujer se quedó sorprendida porque es la primera vez que desde que estaba en Madrid que nadie la decía eso.

—¿Puedo estar contigo como la otra vez?.

Juan José eso no lo dudó. De esa manera sí le apetecía.

—Claro.

Se metieron en la cama y el joven se volvió a quedar dormido. Cuando se despertó, cerca de las once de la mañana, se encontró con Andrea echada en su pecho. La llamó para que se fuera, pero antes la demostró que lo apetecía estar con ella más veces.

—¿Qué te parece si algún día paseamos por el Retiro? Bueno, si nos dejan las bombas.

Andrea sonrió. La atraía aquel muchacho de Santa Cruz de Mudela y quería comenzar una aventura fuera de lo que estaba haciendo, ejercer la prostitución.

—Pues dicho y hecho. Madrid, aunque llueva, haga frío, esté en guerra y caigan bombas, es muy bonito de ver.

La chica accedió a la invitación. Buscarían tiempo para hacerlo.

Antes de irse Andrea, Juan José la convidó a leer su nuevo destino. Se tenía que incorporar, como cabo, a la sede de la Capitanía General a las órdenes directas de Modesto. Debía hacerlo el 4 de marzo. La mujer, al escucharlo, se lanzó a dar un beso en la boca—

—¿Qué haces?

El joven estaba incómodo.

La mujer parecía tener información de lo que se gestaba allí.

—Pues tiene la pinta de que no te vas a ir nunca más al frente. En ese lugar se hace trabajo de oficina.

Lo volvió a dar otro beso, que ya no fue tan sorpresivo como el primero. Incluso gustó a Juan José, que los recibía por primera vez fuera del alcance familiar.

—Ojalá.

El miliciano creía que era más una ilusión de la mujer que la realidad deseada. Andrea se acabó marchando de la habitación y esa tarde ya no la volvió a ver.

En los días siguientes, Juan José se dedicó a ir por Madrid sin rumbo fijo. A la vez, observaba y se refugiaba de las bombas, mientras que veía a milicianos y soldados corriendo de un lado para otro. Una tarde, como tenía dinero para tomar un café después de la subida de sueldo, volvió al lugar en el que compartió con Ezequiel los últimos momentos juntos. Incluso se sentó en la misma mesa para recrear aquel instante.

Se presentó en día y hora en la calle Infanta Mercedes. Allí confirmaron lo que Andrea presintió. A partir de ese momento se convirtió en asistente de Modesto. Lo asignaron dos soldados que lo ayudarían en todo el trabajo, que no era otro que, montado en una moto, comunicarse con los puntos que tenía abiertos la República para la defensa de Madrid. Los dieron pistolas y bastante munición por si la tuvieran que emplear, aunque en ningún momento hicieron uso de ella debido al  poco riesgo que corrían. Ese fue su labor hasta el final de la guerra. Incluso,  aprovechó el nuevo destino para aprender a pilotar una motocicleta con sidecar. A los  meses ya la conducía muy bien.

Como tenía mucho tiempo, aprovechó para poder pasear con Andrea casi todas las tardes. Mientras que estuvo abierto, fueron clientes habituales del café de la plaza de Santa Ana. El resto de tempo lo dedicaban a andar por  las grandes avenidas de una capital que, poco a poco, iba perdiendo vida y a  refugiarse. Era normal verles besar por la calle y en la pensión los llamaban los novios. Celia, de vez en cuando, los ponía a cenar juntos para que los otros milicianos, allí alojados, se dieran cuenta de que la chica era intocable y que solo el de Santa Cruz tenía ojos y alguna opción con ella. Una situación que los dos aceptaron sin demostrar que querían ir mucho más allá, sino de aprovechar el momento que estaban viviendo. Bastantes días la distracción era hablar de Ezequiel, de su forma de ser, de la amistad, de dónde estaría... Lo único que se supo de él, desde febrero de 1937, es que se incorporó al frente de la Ciudad Universitaria y que se perdió su pista. Desde su nueva posición, intentó buscar en la lista diaria de desaparecidos, capturados o muertos en combate. Nunca apareció su nombre.

La guerra avanzaba y la República se veía contra las cuerdas dos años después. Franco se dispuso a lanzar el último ataque, a la vez que el gobierno fue perdiendo terreno cada vez que pasaba más tiempo. Madrid resistía con los pocos efectivos del ejército fiel que aún quedaban, más los milicianos que, según pasaba la guerra, se fueron replegando hacia la capital. Muchos de ellos fueron capturados según progresaban los sublevados y se comentaba que pasaban de un campo de concentración a una ejecución sin juicio previo.

El estado se consumía y el hambre y los bombardeos hacían estragos. Ya no existía ni munición con la que cargar un fusil. Juan José se dio cuenta de que la contienda tocaba a su fin cuando un día fue a Capitanía General a buscar nuevas órdenes. Allí lo indicaron que su jefe más inmediato, Modesto, había salido del país con dirección a Rusia. La desbandada continuó con Lister y El Campesino, otros dos de los grandes generales del ejército popular. En esos momentos, se echó en falta la aportación de las Brigadas Internacionales, pero el gobierno aún vigente decidió que, a finales de 1938, abandonaran el país. Franco, como compensación, retiró a alemanes e italianos, aunque de una manera no muy clara porque se demostró que soldados de estas nacionalidades seguían combatiendo. Las partes pactaron no internacionalizar más el conflicto de lo que ya estaba.

Juan José dio por hecho que estaba viviendo los últimos días en Madrid y que la guerra parecía dar a su fin, a la vez que Francisco Franco se proclamaba Caudillo de España e indicaba que gobernaría el país, que había alcanzado las libertades plenas en 1931, con puño de hierro. La derrota, además, también se consideraba ideológica.
Por tanto, ya tenía preparada a Andrea por lo que podría ocurrir o, mejor dicho, que pasaría en breve según los acontecimientos que se estaban dando. Las informaciones indicaban que la República perdía terreno y que los ejércitos de Franco avanzaban sin piedad sobre Madrid.
—Tenemos que estar listos para abandonar la capital en el momento en el que estos fascistas den por terminada la guerra. Preveo que ocurrirá como lo pasado en otras regiones. Son gente muy vengativa, autoritaria y querrán quitar del medio a todo el mundo—, la comentó en una ocasión. Andrea era consciente de ello, puesto que ya lo había sufrido en sus carnes en el instante en el que los sublevados fueron dueños y señores de su pueblo, lo que la obligó a marcharse y huir con destino a  Madrid.

Sabía que debía volver a Santa Cruz de Mudela, tal y como prometió a su madre, mientras que Andrea desconocía cuál sería su futuro. Nunca hablaron de seguir juntos cuando todo llegara a su fin, aunque se encontraban satisfechos con la situación que vivían en esos momentos. Con estar cerca parecía suficiente. Eran conscientes de que el final de la guerra era también el de su relación. Por tanto, aprovechar cada minuto era el objetivo más inmediato.

# CAPÍTULO 19. EL BANDO

Dos años después de la sublevación de Franco, la situación de la República estaba deteriorada. El gobierno perdía terreno y veía cómo sus grandes feudos caían a favor del enemigo. En julio de 1938, quiso dar un golpe de mano para frenar la toma de Barcelona, además de realizar una maniobra de distracción con el objetivo de dar un poco de vida a Madrid, sitiada por muchos flancos.

La ofensiva en el Ebro, donde acumuló muchas tropas, acabó siendo un estrépito y, a partir de noviembre de ese mismo año, estaba condenada a su suerte. Era el momento de resistir hasta el final para que Madrid, la obsesión de Franco, pudiera respirar y, de paso, mantener el espíritu y lo que quedaba de un gobierno que, poco a poco, fue buscando el exilio en países limítrofes. La capital parecía ya resignada, aunque muchos combatientes, la mayoría pertenecientes a partidos políticos, se disponían a resistir.

Juan José, en ese período de tiempo, continuó con el trabajo encomendado. Con los dos soldados que le asignaron y una pequeña moto, seguían recorriendo Madrid para transmitir las órdenes, que, según pasaban los días, disminuyeron. La causa es que el ejército iba retrocediendo y abandonando las trincheras por el empuje de las tropas de Francisco Franco.

Como cada mañana, el 1 de abril de 1939, se dirigió a la Capitanía General. Abandonó la pensión muy temprano y, andando, puso camino al destino. Siempre repetía el mismo trayecto y conocía cada punto en el que la resistencia se hacía fuerte. Al llegar al destino, sospechó que las cosas iban mal. No se encontró ni un soldado en la puerta. Accedió a su oficina habitual y solo se cruzó con un sargento que se afanaba en destruir documentos. Preguntó por la situación. El superior no se anduvo con rodeos.

—Hay una desbandada. Incluso nuestros generales están buscando la manera de huir. Lo mejor que puedes hacer es lo mismo.

El joven se quedó sin reacción y el sargento continuó con las explicaciones.

—Quedamos pocos aquí, no más de diez soldados y yo. Nos han encargado recoger, al ser posible, todo el armamento que corresponde a esta parte del ejército. En unos días, lo destruiremos, a la vez que la filiación de los milicianos de la República. El objetivo es no dejar rastro de los que han participado. Por tanto, es mejor que te dirijas al armero, entregues tu pistola y te vayas. Te recomiendo que también destruyas el uniforme.

Juan José quiso saber qué habían hecho sus dos compañeros. El sargento tenía claro qué les iba a decir.

—Si vienen, pues los aconsejaré que hagan igual, aunque me da que son de los pocos individuos que piensan que aún tenemos posibilidades. A buen seguro se dirigirán a algunas de las barricadas que quedan para frenar a estos fascistas.

El sargento siguió a lo suyo y continuó tirando cajones y sacando papeles que pudieran comprometer a los republicanos en un futuro próximo. El de Santa Cruz ya no medio más palabra y se dirigió a la armería. Allí, otro soldado se dedicaba a amontonar pistolas, fusiles de asalto y su respectiva munición. Se quitó el cinturón en el que portaba el arma.

—¿Dónde la dejo?

—Tírala sobre las demás.

Lo hizo con mimo y dio media vuelta para iniciar el camino de vuelta a la pensión. A la salida, se encontró con otros compañeros dispuestos también a entregar los fusiles que portaban.

Ya sin armamento, se apresuró a seguir las recomendaciones del sargento. Debería llegar cuanto antes para quitarse el uniforme. Lo hizo a la carrera. Subió por la calle de Atocha en dirección a la plaza de Tirso de Molina. Las alarmas volvieron a sonar, indicando un nuevo bombardeo. La gente que circulaba en esos momentos por los alrededores corrió hacia la boca de metro más cercana. Se habían convertido en un refugio improvisado.

Algo sorprendió a todos. No se escucharon explosiones y el ruido de los aviones se fue apagando. Las alarmas volvieron a sonar, en señal de que ya no había peligro. Juan José decidió continuar la marcha. A la salida del metro, se encontró con toda la calle repleta de octavillas que la gente recogía del suelo. Se agachó y cogió una. Se apresuró a leerla. Decía lo siguiente:

*"En el día de hoy, cautivo y desarmado el ejército rojo, han alcanzado las tropas nacionales sus últimos objetivos militares. La guerra ha terminado. 1 de abril de 1939, año de la victoria. Fdo. Francisco Franco Bahamonde".*

La República había pactado la rendición, aunque a su alrededor muchos querían seguir luchando. Un miliciano, fusil en mano, levantó proclamas contra alguien que el manchego no conocía.

—El cabrón de Segismundo Casado nos ha vendido. ¡Viva la República!

El miliciano se refería al militar que, días antes, dio un golpe de estado en Madrid contra el gobierno y negoció la rendición a pesar de la opinión negativa de socialistas y comunistas, que no estaban dispuestos a capitular. Juan José los localizó fácilmente, ya que vio cómo corrían en dirección a las barricadas e intentaban oponer resistencia a la inminente entrada en la capital del ejército sublevado.

Miró a su alrededor. La gente que salió del metro se fue dispersando. Unos, aliviados con ese anuncio del general Franco, creían que por fin se acababa la miseria y las calamidades; otros, los menos, estaban soliviantados al no querer que la República llegara a su fin. Del grupo que estaba allí, estos eran el menor número.

Juan José continuó con el plan trazado. Quería llegar cuanto antes y, según le recomendó el sargento, quitarse de encima cualquier marca, símbolo, etcétera, que lo identificara como un miliciano republicano.

—Tengo que llegar rápido.

Comenzó a andar lo más rápido posible. No sintió pavor, pero sí intranquilidad por el anuncio de los sublevados, ya ganadores de la guerra.

—Volveré a Santa Cruz.

Solo pensaba en la promesa que le hizo a su madre. Cuando se acercó a la pensión de la calle de la Montera, se centró en Andrea.

—Tengo que decírselo cuanto antes. Si fuera ella, también me marcharía de aquí.

Estas fueron las últimas frases que pasaron por su mente antes de llamar al portalón. Celia siempre le tenía la puerta cerrada y solo se podía acceder si ella te abría desde dentro. Era una obsesión.

—Así soy yo la que decide quién entra. No quiero problemas con individuos que se me quieran colar y molestar—, comentaba siempre.

Llamó dos veces – era la consigna—. La mujer, como siempre, se hizo esperar. Abrió la puerta.

—Es muy pronto para que estés por aquí. ¿Qué pasa?

Hizo pasar al joven.

Antes de que comunicara a Celia lo sucedido hacía unos minutos – llevaba la octavilla en el bolsillo—, una pequeña radio transmitió el mismo contenido.

—Pues ya está, se acabó. ¿Qué vas a hacer ahora?

En ese momento comenzaron a sonar canciones militares en señal de victoria.

—Irme a mi casa.

Juan José le dio a entender que su función y estancia en Madrid se habían acabado. Celia asentía con la cabeza en señal de aprobación, ya que no era la primera vez que aquel chico que llegó con 17 años decía que cuando todo acabara, volvería a su pueblo.

—Lo primero que me han dicho es que queme la ropa. Que es mejor que los días que me queden los pase vestido de paisano.

A Celia le pareció lógico. La situación se estaba convirtiendo en muy peligrosa para los participantes en el bando republicano.

—Te ayudaré a deshacerte de ella. Sube a la habitación y cámbiate. Me imagino que utilizarás la ropa que trajiste de tu pueblo. Espero que te quede bien, ya que has crecido mucho.

En ese instante, se escucharon unos pasos. Era Andrea que bajaba la escalera. Se miraron los tres. Sabían que todo llegaba a su fin y no demostraron ningún grado de tristeza, puesto que se habían preparado para ese día.

Se ofreció a ayudar.

—Yo organizaré tu ropa.

Celia explicó lo que tenía que hacer con el uniforme de militar. Debería quemarlo en la pequeña lumbre de leña ubicada en la cocina. Nadie notaría nada.

Subieron las escaleras en silencio. Andrea abrió la puerta de la habitación. Ambos se encontraban pensativos. La mujer esperaba algunas palabras de Juan José, pero este tenía los ojos perdidos. Se acomodó en la cama. En su mente solo le atronaba el hecho de que tendría que salir de Madrid a toda prisa. Por una parte, sentía tristeza, ya que daba por seguro que no volvería a ver a aquella chica; por otra, alegría porque regresaba a casa para estar con su madre y sus hermanos.

Llevó su mirada a la otra cama. Allí dormía Ezequiel, a quien no veía desde hacía dos años. Tuvo buenos recuerdos, pero a la vez un vacío enorme al presenciar que no estaba su amigo.

—¿Qué habrá sido de él? ¿Estará muerto?

Juan José nunca había echado tanto en falta a una persona.

Andrea abandonó la habitación. El joven se incorporó para buscar en el armario el petate que lo acompañó durante dos años, desde que salió de Santa Cruz para alistarse como voluntario. El primer paso fue ponerse la camisa. Todavía le valía. Cuando hizo lo propio con el pantalón, sintió de verdad que ya no era el chaval que llegó para combatir con las milicias, que había crecido.

La mujer volvió a entrar. Portaba consigo algo más de ropa.

—Así no se te ocurrirá volver a tu pueblo. ¡Qué dirá tu madre de ti!

Le dio a probarse un pantalón, el primero que cogió al azar. Se lo puso. Le sentaba mejor que el suyo.

—Bueno, ya tienes mejor pinta—.

Al chico se le escapó una sonrisa, mientras que a Andrea se le iluminaban los ojos.

—Estás muy guapo.

Fue ella la que encontró en el fondo del petate una boina.

—Me imagino que esta es de tu padre, la que me dijiste que no te quitarías nunca.

Se la ajustó a la cabeza y aprovechó para darle un beso en la mejilla.

—Listo.

Andrea se puso a recoger la ropa. Se la quería entregar a Celia.

—¿Cuándo te vas?

Juan José no sabía ni qué decirle, puesto que todo le había pillado por sorpresa. Después de unos instantes de silencio, contestó.

—No sé, pero será conveniente quedarme aquí varios días. Veré cómo se desarrolla todo y que haya un poquito de normalidad.

Sonrió aliviada y murmuró.

—Espero que sea por mucho tiempo.

No la escuchó. En su mente daba vueltas a las alternativas que tenía.

# CAPÍTULO 20. EL REGRESO

Decidió no salir más de la habitación hasta que llegara el momento. Andrea fue la encargada de acompañar. No era su obligación, pero en su cabeza rondaba la idea de que debía aprovechar hasta que llegara la hora del adiós. El mismo día que el sargento le instó a quemar el uniforme, Celia cumplió la promesa de deshacerse de él. Comentó que no era la primera vez que lo hacía y que muchos otros milicianos también habían tomado esa opción.

Las horas pasaban y solo pensaba en regresar. Tenía su mente en Santa Cruz de Mudela. Andrea no se despegaba de él. Comían juntos, hablaban de la guerra, de la incógnita que les deparaba el futuro. Incluso durmieron juntos en aquella minúscula cama. Se acostaban agarrados, pero tenían una ley no escrita: no habría más que ese contacto físico. No era la primera vez que lo hacían; se encontraban muy cómodos.

A pesar de estar confinado, Celia los informaba de la situación real que vivía Madrid en esos momentos.

—La radio dice que los sublevados ya andan a sus anchas por la capital. Me da que anunciarán la rendición cuando acaben con los pequeños grupos de combatientes que aún no renuncian a las armas. Si soy sincera, es mejor que esto termine cuanto antes y que no haya más muertos, así podrán regresar cuanto antes con sus respectivas familias.

Los días pasaban e, incluso, Juan José aprendió a jugar al parchís. Con Andrea se reía, olvidando los tres años de sufrimientos pasados. Conocer a esa mujer era lo más importante que se llevaba de la guerra y del infierno que supuso esta. A pesar de lo cómodo que se encontraba, tenía una obsesión en la cabeza: regresar. Por eso, los minutos de silencio los dedicaba a pensar en su madre y en sus hermanos, esperando que Valentín, su preferido, aún continuara en Santa Cruz de Mudela.

La noche del 3 de abril fue una más, casi esperando la cuenta atrás. Celia les preparó unos huevos fritos y unas patatas mondadas cocidas. Ya poco quedaba en aquella despensa que había dado de desayunar, comer y cenar a los milicianos que estaban en el frente. La República, con pocos recursos económicos, dejó de pagar los últimos tres meses y la dueña de la pensión dejó de comprar alimentos. Además, los productos eran escasos porque desde Valencia se interrumpió el traslado de estos a Madrid.

—¿Queréis que me quede a cenar con vosotros?

Celia presentía que era la última noche que iban a estar juntos. Ya conocía de sobra a Juan José para saber qué pensaba y cómo iba a actuar. Pasaron una buena velada e, incluso, hicieron una pequeña sobremesa a la luz de las escasas velas que aún disponían. La dueña, a la hora de la despedida, con el objetivo de dar las buenas noches al joven, se abrazó a él y le dio dos besos en cada mejilla. Susurró:

—Sé que te vas. Nunca nos olvides.

No se intercambiaron más palabras.

A eso de la medianoche, Juan José y Andrea se acostaron. Primero se abrazaron, como si fuera la última vez, para después colocarse cada uno mirando en dirección contraria. Antes de dormir, observó el petate que estaba encima de una silla. Tenía ya todo preparado. Se quedó dormido, pero no lo suficiente. Pensó que había llegado la hora.

Sobre las cinco de la mañana, se levantó como un resorte. Sin hacer ruido, se vistió. Andrea no se inmutó. Hizo un amago de abrir la puerta y se dio media vuelta. Barruntó la posibilidad de despertarla, pero decidió que no. Se acercó a la cama y le dio un beso. La mujer se movió un poco y siguió durmiendo. Abrió la puerta muy despacio y aprovechó los primeros escalones de la escalera para ponerse las botas. Ahora quedaba el peor trago, ya que tenía que llamar a Celia y que le abriera la puerta de salida. No estaba dormida; parecía que la esperaba.

—Pues ha llegado el momento, ten mucho cuidado.

Se sacó del camisón un juego de llaves para abrir la que daba a la calle.

No quiso más despedidas. Le dio un beso y salió de la que había sido su vivienda en Madrid.

—Cuida de Andrea.

Es lo último que se atrevió a comentar en una noche fría que amenazaba lluvia a pesar de ya estar en primavera.

No sabía dónde ir. Salió en dirección a Gran Vía. Se sorprendió de la cantidad de gente que había. Eso sí, ya ninguno armado. Deambulaban sin destino.

—Estarán haciendo lo mismo que yo, escapar—, pensó.

También en la calle había muchos soldados del ejército de Franco apostados en controles. Llevaban material bélico; incluso pudo observar dos tanques. Dos falangistas le dieron el alto cerca del edificio de Telefónica, en la Gran Vía, que estaba reducido a escombros por culpa de los bombardeos.

—¿Dónde va?

El joven improvisó. Mantuvo la calma, aunque los nervios provocaron que se le escapara un poco de orina.

—Voy a intentar buscar un poco de pan. Es para mis padres, que son muy mayores.

Le dejaron pasar. No balbuceó ni un instante. Eso sí, algo le descuadraba. Siguió con su camino. Llegó a la Plaza de España y se sentó en un banco. Los primeros pensamientos fueron para la chica.

—¿Se habrá levantado ya? ¿Cuál sería su reacción?

Desconocía que la mujer se había despertado minutos después y lo primero que hizo fue llamar a Celia para que le abriera la puerta y salir corriendo, en camisón y bata, tras sus pasos. Eso sí, sin saber en qué dirección. Decidió volver a la pensión. A su regreso, se encontró con la dueña, que la consoló.

—Es lo mejor que ha podido hacer.

Andrea comenzó a llorar de manera desconsolada y Celia la abrazó hasta calmarla.

—¿Y qué haré yo sin él?

—Vivir, hija, vivir.

La respuesta no terminó ahí.

—Ahora debemos cuidarnos. Te invito a que te quedes aquí, que no te vayas a tu pueblo. Estarás segura.

Andrea se sintió más tranquila, aunque no se quitó de la mente a Juan José.

—Espero que tenga suerte. Por fin cumplirá la promesa que hizo a su madre. Llegará sano y salvo a su pueblo.

Se encendió un cigarrillo que sacó del pequeño morral que llevaba. Antes de dar la primera bocanada, vio que alguien se acercaba hasta ponerse a su lado.

—¿Me puedo sentar aquí?

No puso pegas. El hombre venía fumando y apagó el cigarrillo contra el suelo.

—No sé dónde vas, pero se están organizando columnas de excombatientes que quieren regresar con sus familias. Franco ha dado un bando en el que deben abandonar las armas y que las acciones de guerra no se juzgarán, solo las de sangre. ¿Tú tienes alguna?

No respondió y decidió fumarse el cigarro intentando dar una respuesta a aquel desconocido que quiso continuar con la conversación.

—¿A dónde te diriges?

Era el momento de explicar la situación.

—Al sur, a Ciudad Real, al último pueblo que hay antes de Despeñaperros.

—¡Ah!, pero si eres paisano. Yo quiero volver a Alcázar de San Juan. Según me comentaron ayer, en una hora sale un grupo en esa dirección. ¿Te apuntas?

Juan José escuchó a ese desconocido. La respuesta fue afirmativa.

A la hora, la plaza se llenó de excombatientes y de soldados franquistas que intentaban requisar cualquier arma que pudiera ser portada. Tras la limpieza, como los de Franco llamaban a este hecho, dieron el visto bueno a la salida. Eran cerca de 200 hombres conscientes de las dificultades que iban a pasar.

Se inició la marcha. A los pocos días, habían atravesado Toledo y, poco a poco, el número descendía. El hambre y la sed comenzaron a acechar y solo recibían algo de comida y bebida de algún que otro vecino que se consideraba fiel a la ideología de estos combatientes. Lo hacían escondidas para que la Guardia Civil no se diera cuenta y evitar problemas. Hubo un par de participantes en esa marcha que murieron por inanición.

La meseta de Ciudad Real fue cruel. Llegado a un punto, se fueron separando de manera individual. Los que quedaban pensaban en qué dificultades se encontrarían en ese momento, puesto que los guardias armados y algunos falangistas de la zona les estaban haciendo la vida imposible. Incluso los apalearon.

Juan José andaba despacio. Ya no podía más con su cuerpo. Marchaban sin parar, día y noche. La última luna llena los estaba guiando mejor. Iba con la cabeza mirando al suelo, hasta que la levantó por unos instantes para orientarse, aunque no sabía con qué. En eso, algo le pareció conocido. Se vislumbraba luz debido a la intensa claridad. Eran más o menos las cuatro de la mañana. Cuando más se acercaba, tenía claro que era la ermita de San Roque.

—Sí, es ella. Por fin estoy en casa—, pensó mientras se acercaba al pueblo.

Se dirigió a la calle Castillo, donde se encontraba la vivienda familiar. Dos guardias civiles le miraron de reojo, pero obviaron su presencia. Comenzó a llover y se resguardó en los soportales del Ayuntamiento. Sabía que su madre se levantaba muy pronto, pero no quería asustarla. A eso de las seis de la mañana, dio el paso. La lluvia era intensa, como los días previos a su marcha al frente. Se presentó ante la puerta y llamó despacio. Algo se movió adentro y se dio cuenta de que sus golpes inquietaron al burro, a Jacobo. Volvió a llamar.

—¿Quién va a estas horas?

La madre quería conocer el nombre de la persona que llamaba de madrugada.

—Soy yo.

Raimunda abrió con urgencia la puerta tras correr los cerrojos con que la tenían cerrada.

—Estás vivo. Has cumplido tu palabra.

A Juan José solo le dio tiempo a besar y abrazar; cayó al suelo desmayado. La madre se afanó en ayudar, pero el estado de alegría en que se había convertido la vuelta de Juan José se tornó en preocupación. Mientras intentaba ponerlo de pie, llamó a sus otros dos hijos varones.

—Está aquí, ¡ayuda!

Alejandro y Camilo lo transportaron a una de las habitaciones. Estaba vivo, pero inconsciente. La promesa se hizo realidad.

# CAPÍTULO 21. AQUELLA OVEJA

—Estás vivo, estás vivo. Cumpliste tu palabra y te encuentras con nosotros. Gracias, Alejandro—por su marido—por protegernos—. Raimunda le repetía una y otra vez, postrada en la cama de Juan José, a quien acostaron después del largo viaje y las condiciones en las que se desarrolló. El hijo había llegado con claros síntomas de agotamiento, lo que le provocó un desvanecimiento, además de una fuerte calentura y delirio. El joven, en esas jornadas, no articuló palabra. La tos y la fiebre se apoderaron de él. No probó bocado, a pesar de los intentos de su madre, que dejó sus quehaceres para dedicarse a él. En un momento dado, pensó que se moría. Sufría altos grados de sudoración, frío y calentura a lo largo del día. Raimunda decidió que era mejor no llamar a ningún médico, puesto que no quería levantar sospechas sobre el regreso de Juan José del frente.

La familia siguió los pasos de la madre, y ella aleccionó bien al resto de sus hijos para que ocultaran el regreso. Como hicieron durante el transcurso de la guerra, si algún vecino les preguntaba sobre su paradero, siempre tenían el mismo discurso.

—No sabemos de él, no tenemos ni idea.

Concha, María, Alejandro y Camilo, además, intentaron que los pequeños, Valentín y Valentina, tampoco dijeran nada, ni a los niños y niñas que jugaban con ellos en la puerta de la casa. La mayor era la encargada de repetírselo todos los días y de preguntar con quién habían jugado, por si eran de fiar y demandaban algún tipo de información sobre el paradero de Juan José.

—No sabéis nada de él—repetía varias veces al día, hasta que les obligó a recitar estas palabras cada vez que se encontraban con ellos para que no se les olvidara.

Los días posteriores a la llegada del hermano mayor, Concha, que en esos momentos trabajaba ayudando a coser a una anciana del pueblo, se percató de que muchos de los milicianos participantes en la guerra ya estaban en Santa Cruz. Se lo hizo saber a la madre.

—Estoy viendo a muchos paisanos que han estado en el frente y que ya han regresado a sus casas. Se les ve con la familia por la calle y parece que nadie se mete con ellos. Eso sí, el pueblo se está llenando de gente con armas de fuego. Ya no solo hay guardias civiles, sino también individuos vestidos de azul, color de la Falange. Se han convertido en los amos de Santa Cruz.

Raimunda siempre le contestaba igual cuando Concha recordaba esta circunstancia.

—A lo nuestro, que nada se nos ha perdido en la calle. Cada uno a su trabajo y todos para casa. Tenemos que hacer la misma rutina que durante la guerra. Cuanto menos llamemos la atención, mucho mejor.

A finales de abril, casi tres semanas después de regresar de Madrid, Juan José presentó una leve mejoría. Por fin, la calentura y la fiebre desaparecieron, pero continuaba dormido como el primer día. Raimunda ya le dejaba solo en la habitación y, de vez en cuando, le echaba un vistazo. El hijo se estaba quedando más delgado, ya que solo bebía agua, lo que provocaba un gran esfuerzo a la madre. Se la hacía tragar a cuentagotas para que no se ahogara. Valentín y Valentina, los pequeños, le visitaban si se aburrían. Los dos hermanos siempre decían lo mismo cada vez que se acercaban a él.

—Vamos, despierta. Nos prometiste jugar y, además, aún tenemos que arreglar los desperfectos que hizo Jacobo aquel día. Venga, levántate.

No respondía y los hermanos cada vez se lo repetían más alto para que los escuchara. Pero ni por esas despertaba. La madre, si les veía metidos en la habitación, se enfadaba con ellos.

—¡Queréis dejarle en paz!

Era la única manera de que no molestaran al hermano. Concha, Alejandro, Camilo y María solo pasaban a ver, de vez en cuando, tras regresar de sus respectivos trabajos.

Una mañana, la del 1 de mayo, Raimunda se encontraba otra vez sola con los dos pequeños. No había escuela y, ajenos a la realidad, intentaban pasar el tiempo de la mejor manera posible. Eso sí, iban de trastada en trastada, sobre todo con el burro Jacobo, al que tiraban del rabo para balancearse. Más de una vez los amagó con soltar coces, pero sin impactar en ninguna parte de sus cuerpos.

—Venga, que me vais a ayudar a limpiar el patio, que hay que cuidar el árbol por si queremos tener uvas para este verano.

Hacía un calor insoportable y la madre buscó una tarea para los niños, para que no se aburrieran.

Valentina cogió unas tijeras para cortar las pequeñas ramas, y a Valentín le encargaron quitar las malas hojas que tenia la parra para obtener el mejor fruto. En un despiste de Raimunda, el pequeño se fue. No hicieron mucho caso a su ausencia; era habitual que desapareciera cada vez que le encargaban algo. La pequeña se dirigió a su madre para informarle de su paradero.

—Me da que estará otra vez escondido debajo de alguna cama.

—Como no venga en cinco minutos, iré a por él, lo sacaré de allí y lo traeré aquí de las orejas.

Esas palabras las decía siempre la madre cuando el chico decidía quitarse de en medio.

Valentín ese día no se escondió; se fue a visitar a Juan José.

—Venga, despierta, que quiero jugar. Madre, cada día me manda un trabajo peor. Menos mal que esta vez no me ha ordenado quitar las mierdas del burro.

El hermano seguía con los ojos cerrados. El pequeño volvió a repetir el comentario, pero cuando se dio cuenta de que no iba a hacer gesto alguno, se dio media vuelta.

—Otra vez a trabajar en el patio, estoy harto—, susurró al iniciar el camino de regreso a la tarea, demostrando estar resignado a su suerte.

Ya con el cuerpo de espaldas a su hermano, y mientras repetía las pocas ganas de volver y cortar las ramas del limonero, sintió una mano en un hombro.

Se dio la vuelta.

Los ojos de Juan José estaban abiertos.

Valentín se asustó al recibir el golpe de su hermano; fue como si hubiera visto un fantasma, tanto que comenzó a gritar.

—Mamá, mamá.

No esperó a que su madre llegara y corrió en dirección al patio.

Jadeó al llegar y Raimunda se asustó.

—¿Qué pasa, qué pasa?

Comenzó a tartamudear hasta que, por fin, dijo la frase que ya tenía pensada.

—Juan José ya está vivo.

—¿Cómo?

La madre tiró la escoba y se quitó el mandil lleno de barro que le cubría.

Salió corriendo, con Valentina y Valentín detrás de ella.

Al llegar a la habitación, se encontró a su hijo sentado en la cama; se abalanzó contra él, al igual que hicieron los dos hermanos pequeños.

—Gracias, gracias. ¿Te encuentras bien?

Juan José intentó hablar hasta que pudo enlazar algunas palabras.

—¿Qué me ha pasado? ¿A qué día estamos? ¿Ha acabado la guerra?.

Tres preguntas que la madre esquivó.

—No te preocupes por nada; lo importante es que estás vivo.

Se levantó de la cama sin mucha fuerza.

—¿Me ayudas?

Entre Raimunda, Valentín y Valentina, le ayudaron a incorporarse, aunque él se dio cuenta de que le flaqueaban las piernas.

—Llevadme a un sitio donde me siente.

Con muchos esfuerzos, ya que su cuerpo no reaccionaba, lo acomodaron en el butacón en el que dormía la madre.

Raimunda corrió a por agua, y el joven esta vez sí la bebió con normalidad.

—¿Tienes hambre?

 Llevaba casi cuatro semanas sin comer; se presumía que iba a decir que sí.

—No.

No le soltaba la mano izquierda, mientras que con la derecha su hijo se llevaba el vaso de agua a la boca.

Se hizo el silencio, como intentando respirar los cuatro de manera profunda. Una pausa que solo interrumpió Valentín.

—Bien, que hoy ya jugamos.

La madre le dio un pescozón en la cabeza.

—Serás mocoso. Anda, corre de aquí y que no te vea que le atosigas.

La familia entera conoció la noticia cuando, poco a poco, los hermanos llegaron al hogar. Alegrías, llantos y abrazos marcaron ese instante repleto de grandes emociones.

Ya estaba entrado el mes de mayo, sobre la tercera semana, cuando Juan José recuperó la vitalidad. Comía con regularidad y ganó peso, pero aún le costaba andar.

—Poco a poco, madre—, solía decir. Eso sí, a pesar de que ya reinaba el calor aquella primavera, decidió que aún no estaba preparado para salir, aunque sus hermanos le comentaron varias veces que muchos excombatientes llevaban una vida normal.

La familia respiraba alegría por estar junta; incluso Raimunda permitió a los más pequeños salir un poco a la calle. Hacía calor y los días eran más largos. Juan José, por lo único que se interesó de verdad, fue por el anuncio que su madre le hizo durante la guerra: que Valentín se iba a Francia.

Recibió una explicación.

—Le apunté a ese programa de la República, como muchas familias que pensaban que estarían mejor con otras antes de pasar más calamidades y, de paso, salvarse de las garras del fascismo. También muchos niños salieron hacia Rusia. Cuando se decidió montar una caravana con destino a Francia, se supo que Franco había tomado todos los pasos fronterizos y, por eso, se suspendió.

El hijo mayor comprendió la decisión.

—Mejor.

La respuesta fue tajante.

Una tarde de junio, Raimunda permitió que Valentín saliera a la calle con una pequeña pelota que había hecho.

—Mamá, me voy a jugar.

—Vale, pero no tardes. No me gusta que la noche se eche encima. Olvídate de alejarte mucho—, avisó la madre.

Valentín bajó por la calle Castillo y se encontró con unos amigos que jugaban a las canicas.

—¿Queréis echar un partido de fútbol?

Los niños respondieron afirmativamente.

El día estaba llegando a su fin y la luz escaseaba cuando Valentín decidió regresar. Cogió la pelota y se dispuso a volver.

—Mañana nos vemos, que tengo que cuidar de mi hermano mayor.

Volvió lo antes que pudo por si la madre le regañaba. Los amigos hicieron lo mismo. El padre recibió a uno de ellos en la puerta.

—¿Cómo te lo has pasado? ¿Qué has hecho? ¿Con quién has jugado?

El niño le contó todo, hasta llegar a las últimas palabras que dijo Valentín.

—El dueño de la pelota me ha dicho que mañana volveremos a jugar. Se ha tenido que ir a cuidar a su hermano mayor. He querido entender que está un poco enfermo.

El padre se quedó pensativo.

—¿Hermano mayor enfermo? Si yo he estado con Camilo y Alejandro en la tejera y estaban muy bien.

Siguió dando vueltas a quién podría ser.

—¿Y si el "Pajarito" está aquí?—, pensó en referencia a Juan José, que ya en el pueblo había heredado el mote del padre.

—¿Será él?

Esa pregunta le rondó toda la noche. No pudo conciliar el sueño, a sabiendas de que a las cinco de la mañana tenía que poner rumbo a la tejera.

Llegó puntual. Nada más entrar en su puesto de trabajo, dedicado a dar forma a las tejas, se dirigió hacia el lugar de los hornos. Allí ya se encontraban Camilo y Alejandro.

—Buenos días.

La respuesta de los hermanos también fue recíproca.

—Igualmente.

—¿Estáis bien?

El padre del niño quería profundizar. Estaba dispuesto a saber si eran ciertas sus suposiciones.

—Sin problemas. Además, ayer hizo una bonita tarde y estuvimos dando una vuelta por el campo.

—Sí, fue así.

Contestó aquel hombre llamado Julio Ledesma Ríos.

Los dos hermanos se miraron sorprendidos, puesto que no habían cruzado muchas palabras con él desde que trabajaban juntos en la tejera.

Terminó la jornada laboral de los tres. A eso de las cuatro de la tarde, los empleados empezaron a salir de la fábrica. En dirección al pueblo, Alejandro y Camilo tomaron el camino habitual, mientras que Julio Ledesma se marchó por otro distinto, a pesar de que vivían cerca uno del otro.

Llegaron sin novedad a casa, besaron a su madre y se cambiaron de ropa. Ledesma, mientras tanto, ya estaba a las puertas de la comandancia de la Guardia Civil, donde se encontraban dos números, además de varios falangistas. Estos lo saludaron de manera efusiva. Era hermano de Benito, otro miembro destacado del partido político que falleció nada más empezar la guerra. Según se decía en el pueblo, a finales de 1936, unos seis o siete milicianos lo acuchillaron en pleno centro.

Fue recibido por el sargento que en esos momentos se encontraba al mando de la comandancia.

—¿Qué quiere usted?

—He localizado a uno de los que mató a mi hermano. Ya está en su casa después de regresar de la guerra. Quiero justicia.

El guardia civil no dudó ni un momento, eligió a cuatro compañeros y a seis falangistas. Se dirigieron a su casa. Montaron en dos coches para presentarse a la mayor celeridad posible. Todos iban armados.

Las puertas estaban cerradas para evitar el calor. En el interior, Raimunda, Alejandro, Camilo, Valentín, Valentina y Juan José, que se había acostado un rato, estaban presentes. Los dos pequeños no hacían mucho ruido, por orden de la madre, para que descansara mejor.

Golpearon con violencia el portalón.

—Ya va—, dijo Alejandro desde el interior. Abrió la puerta y el sargento y los falangistas se introdujeron en la casa con gran violencia, haciendo caer al hijo de Raimunda, que salió con celeridad en dirección al pasillo. Los otros cuatro guardias civiles permanecían en la calle.

—¡Qué pasa, qué pasa!—, gritó la madre. La instaron a que desvelara dónde se encontraba Juan José. Raimunda guardó silencio, pero los falangistas comenzaron a meterse en las habitaciones, mientras que el sargento se quedó custodiando a la madre y a Alejandro.

Ni siquiera llamaron a la puerta. Pegaron tal patada que Juan José se incorporó de la cama. Los pequeños comenzaron a llorar.

Uno de los falangistas lo agarró de la pechera, a la vez que otro pateaba sin piedad su torso desnudo por el calor.

—¿Qué pasa?

Segundos antes recibió un puñetazo en el labio.

Le empujaron para sacarlo de la habitación y lo pusieron delante del sargento. Este le dio a conocer los cargos.

—Es usted el asesino de Benito Ledesma.

—¿Cómo? Yo no he hecho nada de eso.

Juan José intentó defenderse, mientras lo sacaban de la casa ante las protestas del resto de la familia. Los pequeños seguían llorando desconsolados.

Una vez en el cuartel, pasó al calabozo. Sangraba por el labio y se encontraba dolorido por los golpes. A los diez minutos, el sargento de la Guardia Civil se dirigió a él para ser más conciso.

—Está usted detenido por apuñalar al camarada Benito Ledesma, muerto en noviembre de 1936.

El joven no se lo creía.

—¿Cómo?

El sargento dio detalles.

—Hay testigos. Usted llegó a casa lleno de sangre y su madre lavó la ropa días después para quitar pruebas.

El denunciado intentó atar cabos. Noviembre de 1936, ropa llena de sangre, la madre que se la lavó; fueron jornadas después de alistarse en las milicias. Dio mil vueltas a las fechas, pero al fin cayó. Se le atribuye un asesinato el día en que ayudó a la anciana Dorotea a llevar a la oveja que atropellaron los milicianos. Se lo dijo al sargento, pero este no se lo creyó.

—No inventes, eres el asesino de este camarada. Te vieron y lo pagarás.

Juan José se puso a llorar de impotencia.

Raimunda, acompañada de Concha, se trasladó a la comandancia. Quiso ver al sargento, pero los falangistas en la puerta se lo negaron, mostrándose vengativos.

—Le fusilarán pronto a este asesino rojo.

La madre se enfrentó a ellos, pero como premio recibió un golpe y más insultos entre risas.

—Y esperamos que a ti también te maten por proteger a estos maricones.

Concha fue en su auxilio y la levantó del suelo. En ese momento salió un coche, escoltado por guardias civiles. Pudo presenciar la figura de su hijo, acompañado de dos hombres y una mujer. Le tiró un beso de despedida, pero su hijo no la vio porque iba con la cabeza baja, todavía sin creer lo que estaba pasando.

# CAPÍTULO 22. JUICIO Y MENTIRAS

En una hora, el vehículo que transportó a Juan José se presentó en Valdepeñas, donde los ganadores de la guerra abrieron un campo de concentración-presidio para los detenidos republicanos que participaron en la contienda bélica. El sargento dio cuenta de las personas que entregaba a las autoridades penitenciarias para que se hicieran cargo. El mando expuso los motivos por los que estaban allí. Antes de ser distribuidos por módulos, según las acusaciones que se les imputaban, los carceleros comenzaron a insultar y golpear al joven y a sus tres acompañantes. A la mujer no dudaron en amedrentar aún más que a los hombres. Además de las vejaciones verbales, esta recibió la promesa de que un día uno de los moros, alistados en el ejército de Franco, entraría en el módulo y la violaría. "Puta" fue el insulto menos grave.

Juan José recibió una manta y fue introducido a golpes. No se mantenía en pie por el maltrato y se puso de cuclillas cerca de la pared para intentar sobreponerse al dolor, sobre todo por los puñetazos recibidos en las costillas. No podía respirar. Muchos de los allí presentes se acercaron para darle agua y consolarlo. Repitió sin fortuna:
—Yo no sé los motivos por los que estoy aquí. No he hecho nada.
El resto de los presidiarios se miraban ante la debilidad presentada por el joven y, por tanto, decidieron darle más apoyo y cariño. Uno de ellos quiso darle algo de comida, de la que sobró de la cena, pero Juan José la rechazó. Siguió llorando y pensando quién habría tenido tan mala idea de acusarlo de tal mentira.
Un vecino de Santa Cruz de Mudela, que no conocía a pesar de ser del mismo pueblo, le dio una explicación:
—Estos franquistas están haciéndose propias las denuncias de la gente. La mayoría son mentira y, de paso, se llevan por delante a personas con las que alguna vez han tenido un roce. Acusan para que el nuevo régimen les tenga en cuenta y así pasan como héroes. Un despropósito.
Le escuchó y explicó los motivos por los que se le acusaba. El compañero de celda se empezó a reír.

—¿Qué dicen que tú mataste a ese falangista? Mienten de nuevo. No saben ni quién ha sido, pero a ellos les vale que alguien dé tu nombre para que te comas eso. Están haciendo una depuración en toda regla e, incluso, juzgan las acciones que se llevaron a cabo en combate, a pesar de que conocen que Franco dio un bando diciendo que estas no recibirían escarmiento.

Juan José empezó a llorar de nuevo. Estaba en una encrucijada.

—Demostraré que es una equivocación y que yo no he sido.

El compañero le abrazó para susurrar una palabra a su oído.

—Suerte.

Ya entrada la noche, le pudo el sueño. Hizo un hueco y puso la manta en el suelo donde ya los nuevos compañeros intentaban dormir. Su paisano le aconsejó con anterioridad:

—El tiempo que estés, te deberás acomodar a esta mierda de pocilga. No te preocupes, que no te pasará nada con esta gente. Al fin y al cabo, estamos aquí por lo mismo y la gente se respeta. También harán contigo igual.

No dejó de pensar en lo sucedido hasta que se pudo dormir, aunque el sueño no fue profundo. El joven fue consciente, en todo momento, de que algunos de sus compañeros se movían intranquilos, posiblemente pensando igual que él, que no deberían estar allí. Estaba dolorido, pero aguantó las lágrimas por el maltrato recibido. Otros no podían disimular y los sollozos se escuchaban en todo el módulo. Los carceleros, de vez en cuando, interrumpían el silencio de la noche.

—¿Ahora lloráis, maricones? Tendrían que venir los moros y acabar con vosotros. Sois un montón de mierda roja acumulada.

Eran algunas frases que se pronunciaban desde el exterior con el objetivo de atemorizar a los recluidos. Juan José, cuando empezaban los chillidos, optó por tapar la cabeza con una parte de la manta. No los evitó de lleno.

Un compañero le advirtió.

—Hacen esto para desgastarnos y que nos volvamos locos por la falta de descanso. Ya te acostumbrarás.

El joven pudo, por fin, enlazar dos horas de sueño, ya de madrugada. Los primeros rayos de luz lo despertaron de manera brusca, dándose cuenta, ya de forma real, de la situación en la que se encontraba. Gente hacinada, sucia, muy delgada... Más o menos eran unas 200 personas las que compartían celda.

A las ocho de la mañana, los carceleros empezaron a dar golpes en los barrotes, además de gritos más potentes que durante la noche.

—Venga, que no tenemos mucho tiempo. Poneos en fila, que aquí os han mandado el desayuno. Los cerdos van a comer mejor que vosotros.

El joven se dio cuenta de que no tenía una marmita para el rancho. El paisano que lo recibió la noche anterior se mostró dispuesto a ayudar.

—No te preocupes, aquí siempre hay de sobra de la gente a la que se llevan y ya no vuelve.

Al de Santa Cruz se le cambió la cara al recibir estas palabras; no entendía nada. El compañero prosiguió.

—Sí, los que se los dejan aquí es porque quedan libres, los cambian de prisión u otra cosa peor.

Juan José lo miraba fijo a los ojos, sin saber a qué se refería, sobre todo por las últimas palabras.

—A los que se llevan por la noche y ya no vuelven. Nosotros creemos que les fusilan.

El joven cambió de cara y comenzó a preocuparse. El compañero rebuscó y le dio una para que se pusiera en la fila.

—Anda, lávala un poco porque me imagino que llevará algún tiempo y no sé quién ha comido ahí.

Preguntó dónde se encontraba el agua, se aseó y se puso en la fila para recibir el rancho, que comió con las manos ante la falta de utensilios. Les advirtieron que esta rutina siempre se repetiría y los carceleros tenían orden de no dar ninguna cuchara, tenedor o cuchillo que pudiera ser utilizado en su contra. Desayunó y se sentó de nuevo en la manta que le habían dado la noche anterior. El resto de los compañeros repitió el gesto de Juan José. En esos momentos, solo se escuchaban murmullos, frenados en seco por los militares.

—¡Qué os calléis, coño! Silencio.

Le entró sed. Para intentar que los carceleros no se dieran cuenta, gateó hasta el pequeño grifo ubicado en el módulo. El rancho del desayuno, que consistió en sopas de ajo aguadas, estaba salado y necesitaba beber. Metió la cabeza debajo de la tubería, mojarse los labios casi de manera desesperada. Al segundo trago, escuchó otra vez voces.

—Domingo Heredia Chaparro, José María García Gutiérrez, Agapito Bárcenas Sotomayor, Zacarías Reyes Hidalgo y Juan José Sánchez Ramírez, que se presenten ya en la puerta del módulo.

El joven advirtió que habían pronunciado su nombre, se puso en pie y se dirigió al lugar desde el que le llamaron. En un momento, pensó que todo se había aclarado.

—Por fin saldré de aquí, se han dado cuenta de que ha sido un error—, murmuró en silencio, mientras esquivaba a compañeros que seguían tirados en el suelo.

Al llegar, dos militares, acompañados por falangistas, los esperaban.

Un barbudo, con camisa azul y perteneciente al partido político que colaboró con Franco en la sublevación, se dirigió a ellos con malos modales.

—Vengan, perros, que no tenemos todo el tiempo del mundo.

Uno de los acompañantes de Juan José preguntó a dónde iban.

—Ante el juez vais a escuchar las atrocidades que hicisteis.

Los cinco se miraron, pues no entendían de qué se los acusaba.

El carcelero quería demostrar su autoridad con malos modos hacia los cinco.

A la salida del módulo, los pusieron en fila de a uno. Los falangistas los guiaban. En menos de cincuenta metros hasta llegar a una gran sala, su destino final, uno de ellos empezó a ensañarse con el que preguntó minutos antes por la situación. Le pegó con una porra e hizo caer al suelo.

—Levanta, maricón, o ¿quieres que te dé más?

Juan José hizo un amago de intentar socorrer a su compañero, pero el barbudo que comandaba el grupo le atizó con la culata de su fusil en la espalda para que desistiera.

Los empujaron a entrar en la sala. Tres soldados, pertenecientes a la legión, se hicieron cargo de la custodia y los obligaron a tomar asiento, codo con codo, en un banco grande y frente a una pequeña mesa con sillas. A los minutos, se incorporaron tres mandos del ejército de Franco. El joven pudo observar que tenían el rango de capitán. Se sentaron. El que portaba unos papeles se puso en el centro y tomó la palabra.

—Se abre el juicio por el asesinato de Benito Ledezma, en Santa Cruz de Mudela, en noviembre de 1936.

Los cinco se miraron, sin entender nada. Uno se levantó en señal de protesta. Además, ni se conocían.

—Yo no he matado a nadie.

Uno de los legionarios no le dejó terminar la frase. Le propinó un puñetazo y se tambaleó.

—Veremos.

Dijo el capitán, que estaba dispuesto a acabar aquello por la vía rápida.

—Cuando diga sus nombres, se ponen en pie. No quiero demoras y que todo esto se solucione lo antes posible. El denunciante puede pasar a la sala.

Se abrió la puerta. Entró Julio Ledesma, conocido por Juan José, ya que su hermano Valentín jugaba con su hijo en aquellas tardes de primavera. Se miraron, pero el denunciante se dio la vuelta para tomar asiento justo detrás de ellos. Ya no tuvieron más contacto visual.

El capitán los empezó a nombrar uno por uno. Además, anunció los motivos de la acusación.

—Domingo Heredia Chaparro, natural de Santa Cruz de Mudela, se le juzga por el asesinato de Benito Ledesma.

Este, ya en pie, interrumpió al mando que ejercía de juez.

—No soy de Santa Cruz de Mudela, soy de Daimiel.

—Es usted de Santa Cruz de Mudela, siéntese.

Y así con los cuatro restantes.

—José María García Gutiérrez, natural de Santa Cruz de Mudela, se le juzga por el asesinato de Benito Ledesma.

—Soy de Alameda de la Sagra, Toledo, nunca he estado en ese pueblo.

—Agapito Bárcenas Sotomayor, natural de Santa Cruz de Mudela, se le juzga por el asesinato de Benito Ledesma.

—Soy de Morata de Tajuña, provincia de Madrid.

—Zacarías Reyes Hidalgo, natural de Santa Cruz de Mudela, se le juzga por el asesinato de Benito Ledesma.

—Perdón, capitán, soy de Monesterio, Badajoz. Lo único que sé de la provincia de Ciudad Real es el centro en el que ustedes me tienen, aquí en Valdepeñas. Yo no he asesinado a nadie.

El legionario, que se encontraba más cerca, intervino para que no continuara. Le propinó un puñetazo en el estómago y lo tumbó contra la silla.

—Cállate. No desobedezcas a un capitán. Tú eres de Santa Cruz de Mudela y ya está.

El juez militar continuó.

—Juan José Sánchez Ramírez, natural de Santa Cruz de Mudela, se le juzga por el asesinato de Benito Ledesma—.

El joven contestó.

—Sí, soy el único de los aquí presentes que es de Santa Cruz de Mudela, porque esta gente no sé quiénes son—. Miró a sus cuatro compañeros.

El militar se identificó ante los presentes con voz autoritaria para que cundiera más el terror entre los allí presentes. Estaba claro que no era la primera vez que lo hacía.

—Como representante del Tribunal Territorial 1, perteneciente a la XII División Franquista, reconozco que todos los acusados se declaran nacidos en Santa Cruz de Mudela.

Los acusados se hacían gestos entre ellos de pura incredulidad. No entendían nada de lo que estaba pasando.

Zacarías Reyes Hidalgo se levantó del banco y quiso expresar su enfado.

—Están mintiendo. Se está demostrando que ni nos conocemos.

Uno de los legionarios le obligó a sentarse, no sin antes darle con la culata del fusil en la espalda.

—Tiene la palabra el denunciante, Julio Ledesma.

Nadie pudo echar la vista atrás para reconocer a la persona que los había llevado hasta allí. Solo Juan José pudo verlo a la entrada.

—Un día de noviembre de 1936, no recuerdo exactamente la fecha, vi cómo desde mi ventana cinco hombres corrían detrás de mi hermano. Este se resbaló y fue alcanzado. Ya en el suelo, me di cuenta de que le estaban apuñalando sin piedad. Luego, salieron corriendo en direcciones distintas, con las ropas llenas de sangre. Aquí tengo una carta de una vecina, que se llama Dorotea, que reconoce haber salido a socorrer a Julio, pero ya no pudo hacer nada. También dice que los milicianos se lavaron en sus casas. Este papel me lo ha entregado ella misma hoy. La ha ayudado a redactarlo el nuevo alcalde. Está firmada con una equis porque no sabe escribir, aunque ha dado su consentimiento una vez que se la han leído.

El militar quiso conocer quién era esa mujer. El denunciante sacó la carta de su bolsillo, que se la entregó a un legionario y este al capitán.

—Admitida. Todo parece claro.

Los encausados escucharon atentamente, pero la indignación se apoderó de ellos. Juan José ya no pudo contenerse. Perdió el miedo, se levantó y echó a reír.

—Ja ja ja. Perdón que le moleste, pero me extraña que esa carta sea de esta mañana o de ayer. Mi madre me dijo que la anciana falleció en enero de 1938. Ese papel es falso.

Los cuatro compañeros restantes comenzaron a hacer gestos de desaprobación por el comentario de la persona que había denunciado. Sabían que mentían y que les culpabilizaban de algo que no habían realizado.

—Cállese—, gritó el capitán para luego proseguir con las conclusiones del juicio.

—Se da por bueno el testimonio y la carta. La defensa no ha aportado ninguna prueba, aunque tendrán opción de hacerlo en un juicio posterior. Se levanta la sesión y los acusados pueden ser dirigidos a la celda.

Antes de marcharse, el juez llamó a capítulo a uno de los legionarios. Se acercó a su oído, mientras este asentía con la cabeza. Tras recibir lo que parecían ser algunas órdenes, se cuadró ante el capitán.

—Así haremos.

Los soldados acompañaron a los arrestados fuera de la sala, donde los esperaban los falangistas para llevarlos al módulo correspondiente. Uno de ellos, el barbudo, se apartó un poco para hablar con el legionario. Este pareció transmitir lo expuesto por el juez.

—Entendido, entonces el de la boina, ¿no?— se le pudo escuchar al que estaba al mando.

Llegando al módulo, los cinco empezaron a entrar. Al último se le forzó a quedarse.

—Tú te vienes con nosotros.

El de la boina era Juan José.

—¿Y eso?

—Ahora te lo diremos.

Recibiendo varios empujones, introdujeron al joven en una pequeña sala. De espaldas, el responsable de la Falange le dio un culatazo con su arma y lo tiró al suelo. Los dos que le acompañaban comenzaron a dar patadas en la cabeza, mientras que Juan José intentaba protegerse sin éxito del ensañamiento.

—Rojo de mierda. La última vez que te ríes de un juez en su cara. Menos mal que te van a matar pronto—, decían enfurecidos.

Ya no pudo resistirse más, no sabía cómo cubrirse y una de las patadas le alcanzó la nariz. Empezó a sangrar. Tras diez minutos de paliza, dieron por cerrada la orden del juez. A rastras, le llevaron al módulo. Los cuatro compañeros presentes con él en el juicio corrieron a socorrerlo para intentar, sobre todo, taponar la hemorragia nasal. La nariz estaba partida, pero al fin Juan José pudo reaccionar.

—¡Malditos cerdos, malditos cerdos!

Las palabras resonaron en todo el módulo y ya tenía claro que la situación en ese instante era irremediable.

# CAPÍTULO 23. YA VIENEN A POR MÍ

Pasó el tiempo, y con él, las esperanzas de Juan José de el perdón empezaron a florecer, aunque también estaban matizadas por el miedo y la incertidumbre. En su mente, la idea se repetía como un mantra: si la sentencia por aquella absurda pantomima llevaba tanto tiempo en resolverse, tal vez eso significaba que todo estaba jugando a su favor. Se le antojaba que, de alguna manera, el tiempo podía ser su aliado.

—¿Se habrá arrepentido Ledesma? —se preguntaba sin cesar—. ¿Habrán surtido efecto las cartas que escribió su madre a través del antiguo maestro del pueblo?

Esa pregunta lo atormentaba día tras día, préstamo de la esperanza que a veces parecía más un espejismo que una realidad. Durante esos dos largos años en la prisión de Valdepeñas, Juan José se adaptó a las nuevas circunstancias, convirtiéndose, a pesar de su juventud de 21 años, en uno de los veteranos entre los reclusos de aquel módulo del terror. Muchos de ellos eran combatientes, socialistas, comunistas, y otros que, al igual que él, eran objeto del régimen represivo impuesto por Franco. La atmósfera era opresiva, y cada día era un recordatorio de cómo la sombra de la dictadura se cernía sobre ellos. Era evidente que el bando franquista no cumplía con lo que había prometido, y se estaban juzgando y condenando a todos aquellos que habían tenido cualquier tipo de relación con la República. En la gran mayoría de los casos, las acusaciones provenían de denuncias que habían surgido después del fin de la guerra, a menudo de vecinos o de personas que deseaban vengarse de viejas rencillas.

De los acusados por el asesinato de Ledesma, solo quedaba él en ese lugar sombrío. Uno a uno, sus compañeros fueron abandonando la prisión de Valdepeñas; cuando eran sacados, se decía que serían conducidos a centros más cercanos a sus localidades de nacimiento. A pesar de que el juez había dictado que todos eran de Santa Cruz de Mudela, el resto de los prisioneros fue trasladado menos él. Juan José no podía evitar preguntarse el porqué de esa decisión desconcertante.

—Si dicen que son de mi pueblo, no tiene sentido que se los lleven a otro lado sin esperar la sentencia —comentaba, sintiéndose cada vez más aislado en su situación.

Raimunda hizo lo que estuvo a su alcance para intentar liberar a su hijo. En su cruzada, escribió numerosas cartas solicitando clemencia, y suplicó por favor a las autoridades, a pesar de las adversidades que enfrentaba. El maestro del pueblo, aquel hombre que había asumido la responsabilidad de defender a la República, había perdido su puesto por su afinidad política. La madre de Juan José no escatimó esfuerzos y visitó la prisión en repetidas ocasiones, intentando hablar con el director. Sin embargo, solo logró conseguir una reunión, cuyo resultado fue desalentador.

—Habrá que esperar alguna comunicación de Madrid, pero si está aquí es porque ha hecho algo —fue la fría respuesta que recibió.

De regreso al pueblo, la madre siempre regresaba cabizbaja, sintiendo el peso de la desolación en cada paso de su larga caminata. Muchas veces pensó que, afortunadamente, tenía a su burro, a su fiel Jacobo, que la ayudaba a llevar el peso de la carga: si no hubiera sido por él, temía que podría haber sucumbido por el camino. Normalmente, siempre iba acompañada de alguno de sus hijos, y a Juan José le gustaba que fueran los más pequeños. La visita que hizo con Valentín fue la última que pudo disfrutar con ellos.

Desde aquel incidente, las visitas se volvieron prohibidas, y comenzó a sospechar que algo andaba mal. Era ya finales de junio de 1941, y la desesperación se empezaba a cernir sobre él como una niebla espesa.

Las semanas se convertían en meses, y Juan José comenzó a sentirse cada vez más nervioso. Dos años encerrado en aquella oscura prisión ya era un tiempo demasiado largo para soportar. La incertidumbre se adueñaba de sus pensamientos, y la espera comenzaba a pasar factura. A medida que los días transcurrían, fue perdiendo peso considerablemente.

No podía dormir, y por las noches, se dedicaba a contemplar la luna, como si quisiera aprovechar las pocas veces más que la podría observar. Fue en esos momentos de soledad y desesperanza que las lágrimas caían por sus mejillas cada vez que caía la oscuridad, sintiendo que la vida se le escapaba lentamente mientras la torre de la prisión lo mantenía cautivo.

Después de haber visto a Valentín, se le levantó la moral. "Tapón" decidió que no estuviera un minuto solo. Desde el primer contacto, este se dio cuenta de que algo rondaba en su cabeza. Dormían juntos y, durante el día, mantenían conversaciones sobre la vida o, mejor dicho, la injusticia que los había llevado hasta allí. Era la manera de evadirse de su situación. A principios de julio, esperaba impaciente que su madre, en la siguiente visita, llevase a Valentina, su otro amor. Desconocía que, como al resto de reclusos, le iban a prohibir que los niños fueran al centro penitenciario. Raimunda siempre iba a finales de mes, visitas programadas por el régimen, y él aguardaba estas fechas de manera intranquila, pero también con ilusión por volver a ver a ella y a quien la acompañara.

La ilusión se echó por tierra el 9 de julio. Juan José, desde que recibió la última visita de su madre, no tenía buenas corazonadas.

Esa mañana, justo después del desayuno, alguien se acercó al módulo. Era distinta a las demás, puesto que esta vez no era el director del centro para informar de que todas las reclamaciones realizadas para que le pusieran en libertad estaban desechadas. Era un capitán, que iba acompañado de tres soldados. Llevaba un montón de papeles. El carcelero fue llamando uno a uno a las personas a las que iban destinados. Oyó su nombre.

—Juan José Sánchez Ramírez, que se presente cuanto antes—, gritó en voz alta para superar el murmullo de los reclusos. El joven comenzó a esquivar a sus compañeros y se presentó en la reja que hacía las veces de puerta. Anduvo despacio por la inesperada visita.

—Soy yo.

El capitán confirmó que los documentos que llevaban eran para él.

—Toma esto.

El militar no le dirigió la mirada. Bajó la cabeza y se puso a buscar algo que, a buen seguro, estaba destinado a otro recluso. Uno de los soldados que acompañaban al mando le instó a que se alejara de allí.

—Venga, fuera, que estás molestando y nosotros no podemos perder el tiempo.

El de Santa Cruz cambió la cara y se dio media vuelta. "Tapón" percibió que pasaba algo y se acercó a él.

—¿Qué es eso, "Pajarito"?

El joven no respondió y comenzó a llorar. Se imaginaba el peor de los destinos.

—Dame eso.

El compañero arrancó de las manos de Juan José los dos documentos. Uno era del cura de Santa Cruz de Mudela; el otro, del Tribunal Militar. Empezó por el primero y su cara comenzó a cambiar. Al llegar al segundo, ·"Tapón" miró a Juan José.

—¿Quieres leerlo tú?

Se lo cogió con las manos que temblaban. Era la sentencia. La empezó a revisar buscando la disposición final. Él ya había visto muchas en el periodo que llevaba allí y la encontró con facilidad. Solo se detuvo en un párrafo que decía lo siguiente:

*"El Tribunal Militar, perteneciente a la XII División, condena a Juan José Sánchez Ramírez, natural de Santa Cruz de Mudela, hijo de Alejandro y Raimunda, a pena de muerte por el asesinato del camarada Benito Ledesma en noviembre de 1936. Dicha sentencia se ejecutará en tiempo y forma. En Ciudad Real, a 4 de julio de 41. Segundo año de la victoria".*

Ya no se detuvo en leer nada más. Ya no quería saber de la otra carta, cuyo contenido "Tapón" comentó días después. Era del cura de la parroquia de su pueblo, en la que se recomendaba que el infiel pagará por sus pecados al no cumplir uno de los mandamientos, el que se refería al "No Matarás".

Se puso de rodillas y comenzó a llorar. "Tapón" y algunos compañeros intentaron consolarlo. A más de uno se le escapó una lágrima y otros gritaron a la vez.

—Cabrones, vais a matar a un inocente.

Estas palabras provocaron que los carceleros amenazaran con pegarles una paliza.

Unas horas después, el director del centro comunicó que también habían mandado la sentencia a su madre y que se suspendían las visitas hasta nueva orden.

Juan José entró en una profunda tristeza. No comía y por las noches entró en un desvelo total. Cada vez que escuchaba un cierre metálico, ya bien entrada la oscuridad, repetía a "Tapón".

—Hoy es mi última noche, ya vienen a por mí.

Y así pasó el verano, con la incertidumbre de cuándo se acabaría todo. En un momento, confesó a su compañero sus prioridades.

—Espero que sea cuanto antes. Así no sufriré más y el resto de la familia tampoco lo hará.

Raimunda recibió la sentencia a mediados de julio, a través de dos guardias civiles. Lo primero que pensó fue en vengarse de las personas que provocaron esa maldita situación. Un día cogió un cuchillo para dirigirse a casa del denunciante y del párroco con el objetivo de acabar con sus vidas. Camilo y Concha la frenaron mientras gritaba.

—Malditos seáis, me vais a quitar a mi hijo.

En la carta que le enviaron, también le anunciaron que ya no podría visitar a Juan José en el centro y que ya la avisarían.

El estío de 1941 pasó y el frío del otoño se hizo notar entre los reclusos, que se apilaban en el suelo, unos pegados a otros para evitar el frío. Juan José siempre estaba en vela y, cada vez que escuchaba la verja, repetía a "Tapón" la misma frase, repetida una y otra vez cada noche.

—Ya vienen a por mí.

El Tribunal Militar decidió que el fusilamiento fuera el 11 de octubre. A altas horas de la noche, ocho soldados y un sargento se dirigieron al módulo. Iban a sacar a más reclusos. Llegaron a la altura de Juan José para esposarle, pero "Tapón" quiso evitarlo.

—Con lo joven que es, sois unos asesinos.

La respuesta fue inminente por parte de los militares, que le apartaron a base de puñetazos y golpes de fusil.

Del módulo salieron cinco personas. Fuera, los estaba esperando un cura.

—Vengo a confesaros vuestros pecados.

Ninguno quiso, y uno de ellos le escupió en la cara.

Ya fuera del centro, la primera vez que Juan José pisaba la calle desde abril de 1939, los subieron a golpes a un camión. Allí había más reclusos.

Los transportaron al cementerio, a las paredes exteriores. Fueron pasando de cinco en cinco. Juan José se mostró entero, casi igual que el resto de los destinados a morir. Un cura y un sargento daban las órdenes de disparar por la gracia de Dios y el Caudillo. Les ofrecieron vendarse los ojos para que no pudieran ver a los asesinos. Ninguno quiso.

Cayó muerto al primer disparo, encima de otros cadáveres, y el pelotón de fusilamiento se encargó de revisar uno a uno los cuerpos por si era necesario un tiro de gracia. En este caso, no ocurrió, ya que un soldado certificó que no hacía falta, que había sido un éxito y que el grupo, el que tocaba fusilar esa noche, estaba, como calificó, "en el otro barrio".

La ejecución de la sentencia se la comunicaron a Raimunda el 1 de noviembre. Dos guardias civiles, los mismos que le llevaron la condena a muerte de su hijo, le entregaron el documento de confirmación de la ejecución. Se lo leyeron y la mujer reaccionó.

—Sois unos cabrones y asesinos. Era inocente. Me cago en el hijo de puta de Franco y en la mierda del Caudillo que tiene este país.

Los agentes, por estas palabras, se la llevaron al calabozo. Allí preguntó por el cuerpo de Juan José, cuándo se lo entregarían para poder enterrarlo en el pueblo junto a Alejandro, su marido. Lo pidió por caridad. Nadie sabía nada. A los cinco días de estar encerrada, la soltaron, a la vez que la condenaron a pagar una cantidad de dinero por insultos al Generalísimo.

La familia se puso de luto. Lo peor que llevaban era que Camilo y Alejandro se encontraban todos los días en la tejera con el denunciante de su hermano. No se comieron ni el pollo que la madre mataba siempre para Navidad.

El día 1 de enero de 1942, alguien llamó a la puerta. Preguntó por Raimunda. Era por la mañana.

—¿Quién es usted?

—Me apodan "Tapón". He sido compañero de su hijo durante el último año. A mí me soltaron ayer porque solo estaba acusado de pertenecer a una organización política y no encontraron nada más contra mí.

—¿Y qué quiere?

El hombre se echó mano a un pequeño macuto para sacar algo. Era el recipiente donde Juan José comía.

—Esto es suyo.

La anciana lo tomó en sus manos. Era una marmita de cobre.

—Por favor, dele la vuelta.

Tardó en hacerlo, pero por fin se atrevió. En el dorso de aquella marmita rezaba lo siguiente. Estaba escrito con algún metal, con ralladuras. Se veía que había sido utilizada muchas veces.

—Mamá, te pido perdón por ir a esa maldita guerra. Yo no he hecho nada.

"Tapón" se dio media vuelta y se marchó calle abajo. Raimunda comenzó a llorar, al mismo tiempo que enseño a sus hijos la marmita y el mensaje de Juan José.

La desesperación de la madre era palpable, sus lágrimas y sus ruegos caían en oídos sordos. Nunca pudo encontrar el consuelo que tanto anhelaba, y la incertidumbre de no saber dónde descansaba su hijo la consumía por dentro. El dolor de la pérdida se había convertido en su compañero constante, y su fe se desvanecía con cada día que pasaba sin respuestas.

La vida de la familia se había visto marcada por la tragedia, y cada uno llevaba en su corazón una herida que nunca sanaría. La ausencia de Juan José era un vacío imposible de llenar. La incertidumbre y el dolor se habían convertido en su cotidianidad, y solo podían aferrarse a la esperanza de que algún día encontrarían la paz que tanto ansiaban. Pero el tiempo pasaba implacable, y la madre falleció sin poder encontrar el cierre que tanto necesitaba, el cadáver de su hijo.

# CAPÍTULO 24.¿DÓNDE ESTÁ EL CUERPO?

Raimunda se propuso incansablemente encontrar la ubicación del cuerpo de su hijo, quien había sido víctima del régimen franquista. Cada seis meses, se dirigía a los tribunales militares, al municipio y a la iglesia, con la esperanza de obtener alguna información sobre el paradero del cadáver. Su determinación era inquebrantable; su intención era ser enterrado junto a su esposo en el nicho familiar que poseían en el cementerio de Santa Cruz de Mudela, donde ella soñaba con reunirse con él en la muerte. Sin embargo, la realidad que enfrentaba era desalentadora. Nunca recibió respuesta de las autoridades franquistas, que permanecieron en silencio ante sus peticiones.

A pesar de la falta de respuestas, siempre mantuvo su fe en la inocencia de Juan José. Desde lo profundo de su convicción, decidió renunciar a la cartilla de racionamiento que le correspondía, destinada a las mujeres de represaliados o fusilados, como un acto de protesta y deslegitimación del régimen de Franco. Para ella, esa administración era ilegítima y no merecía su reconocimiento.

A medida que pasaron los años, su búsqueda de información se volvió más difícil y angustiante. Finalmente, en la década de 1960, tomó la dolorosa decisión de dejar de buscar detalles sobre el cuerpo de su hijo y se mudó a Madrid para vivir con el resto de sus hijos, una decisión que implicaba un cambio drástico en su vida, marcada por la pérdida y el pesar, aunque quizás le ofrecía una nueva oportunidad de reconstruir su día a día en compañía de su familia.

De acuerdo con los historiadores que han investigado este oscuro capítulo de la historia española, se estima que entre julio y noviembre de 1941, alrededor de cincuenta personas de Santa Cruz de Mudela, tanto hombres como mujeres, fueron ejecutadas en el marco de las purgas políticas del régimen. Estas personas, en su mayoría detenidas en el centro penitenciario de Valdepeñas, sufrieron un destino trágico y violento que ha marcado la memoria colectiva de la localidad. Se sospecha que sus restos fueron arrojados a una fosa común, que se encuentra ubicada en las antiguas murallas del cementerio de la localidad, un lugar que debería ser sagrado pero que se ha convertido en un símbolo del dolor y la pérdida. Con el paso del tiempo, la expansión del cementerio ha llevado a que esta área donde se presumen estén enterrados los restos de las víctimas haya sido cubierta por nuevos nichos, lo que dificulta aún más la identificación y recuperación de los cuerpos.

En la actualidad, los familiares de estas personas ejecutadas dejan ramos de flores en un lugar en el que creen que podrían estar sus seres queridos, una forma de honrar su memoria y recordar su injusto destino, a pesar de que la ubicación exacta de sus restos nunca ha sido confirmada. Este acto se convierte en un ritual cargado de emoción, donde la esperanza de encontrar verdad y justicia perdura entre la desolación.

A pesar de los múltiples intentos realizados por las asociaciones de memoria democrática que luchan por recuperar los cuerpos de sus familiares, la exhumación de los restos sigue en espera. Esta situación no es única de Santa Cruz; se repite en diversas regiones de España, donde aún persisten muchas fosas comunes sin identificar. No obstante, la salida de los restos de figuras emblemáticas del régimen franquista, como Francisco Franco y Queipo de Llano, del Valle de los Caídos en Madrid y de la basílica de La Macarena en Sevilla, ha abierto una nueva vía para la recuperación de los cadáveres y la posible apertura de fosas comunes que han sido localizadas previamente.

Este avance, aunque limitado, representa un rayo de esperanza, mayormente alentado por los relatos y testimonios de los descendientes de las víctimas, quienes continúan luchando por la verdad, la justicia y el reconocimiento de sus seres queridos.

¿Juan José estará en una de las que hay en Valdepeñas? Este interrogante, que ha generado gran curiosidad entre los ciudadanos de la localidad, podría ser desvelado con el tiempo, aunque todo parece indicar que se tardará en dar respuesta ante los numerosos obstáculos de naturaleza política que se están presentando desde la aprobación de la ley recientemente. Esta ley, que busca abordar las cuestiones relacionadas con la memoria histórica, ha sido objeto de controversias y debates intensos entre diferentes grupos políticos y sociales.

Mientras tanto, muchas asociaciones, compuestas por familiares de desaparecidos y defensores de los derechos humanos, siguen luchando incansablemente, tanto en la calle como a través de las instituciones. Estas organizaciones se movilizan constantemente para que se haga justicia por las víctimas del franquismo, quienes esperan que su sufrimiento y su historia no caigan en el olvido. Realizan diversas actividades, como manifestaciones, actos públicos y campañas de sensibilización, con el objetivo de mantener viva la memoria de los que han sido silenciados y para exigir la reparación adecuada de los daños sufridos durante un periodo oscuro de la historia de España.

A medida que avanza el tiempo, la presión social y el compromiso de estas asociaciones podrían eventualmente llevar a que se abran nuevas investigaciones y se reconozcan los derechos de las víctimas, lo que podría cambiar el rumbo de la historia y ofrecer una respuesta a las preguntas que han permanecido sin resolver durante décadas. En este sentido, la lucha por la verdad y la justicia sigue siendo un tema central en el discurso público y en la agenda política, un recordatorio de que la memoria histórica es un componente esencial para construir un futuro más justo y reconciliado.

En respuesta a estos hechos, se aprobó la Ley de Memoria Democrática en 2022, que tiene como objetivo recuperar, salvaguardar y difundir la memoria democrática en España. La ley también busca reconocer y reparar a las víctimas de la Guerra Civil y la dictadura franquista.

Entre los objetivos de la ley se encuentran:

- Reconocimiento de las víctimas*: La ley considera víctimas a todas las personas que sufrieron daño físico, moral o psicológico durante la Guerra Civil y la dictadura franquista.
-Reparación moral y económica*: La ley establece el derecho a la reparación moral y económica para las víctimas y sus familiares.
-Investigación y verdad*: La ley promueve la investigación y la verdad sobre los hechos acaecidos durante la Guerra Civil y la dictadura franquista.
-Preservación de la memoria*: La ley busca preservar la memoria democrática en España a través de la creación de un Registro y Censo de Víctimas y la declaración de días oficiales de recuerdo y homenaje.

En resumen, la Guerra Civil Española y la dictadura franquista fueron períodos oscuros en la historia de España, pero la aprobación de la Ley de Memoria Democrática en 2022 marca un paso importante hacia la recuperación de la memoria democrática y la reparación de las víctimas.

## LOS PROTAGONISTAS

• Juan José Sánchez Ramírez: El protagonista de la historia. Nació en marzo de 1920 y fue asesinado el 11 de octubre de 1941. Jornalero de profesión, se alistó como voluntario en las milicias en noviembre de 1936, con 17 años, uno menos de lo permitido. Durante toda la guerra civil, pasó en Madrid.

• Raimunda Sánchez: Madre de Juan José y viuda de Alejandro, quien falleció a principios de 1936. Su fecha de nacimiento no se identifica, y murió en Santa Cruz de Mudela, su lugar de nacimiento, en 1975, tras vivir varias décadas en Madrid.

• Concepción Sánchez Ramírez: Salió en 1951 de Santa Cruz de Mudela y se trasladó a Madrid para trabajar como recepcionista en una oficina. En 1960 emigró a Caracas, Venezuela, ciudad en la que contrajo matrimonio con un gallego que también residía allí. Regresó a Madrid en 1966 y falleció en 1989.

• Camilo Sánchez Ramírez: Emigró a Madrid en 1972 para trabajar en una fábrica, después de haber trabajado desde 1937 en la tejera de Santa Cruz de Mudela. Tuvo cinco hijos y nombró al mayor Juan José en homenaje a su hermano, fusilado dos años después de finalizar la guerra civil.

• María Sánchez Ramírez: Se trasladó a Madrid en 1960 y trabajó como portera, junto a su marido, en un edificio de viviendas de la Calle de Atocha. Tuvo una hija y falleció a mediados de los 90.

• Alejandro Sánchez Ramírez: Entró a trabajar en una tejera siendo muy pequeño, durante los primeros meses de la guerra civil, y allí mantuvo su puesto hasta 1962, año en el que emigró a Madrid para trabajar en una fábrica. Falleció en 1991. Tuvo una hija después de contraer matrimonio con Flor, nacida en Jerez de los Caballeros.

• Valentín Sánchez Ramírez: En el verano de 1942, aprovechando un programa de la dictadura para menores faltos de recursos, viajó hasta Suiza, donde fue acogido por una familia francesa. Al finalizar la guerra mundial, se instaló en Limoges. Tras regresar a España, comenzó a trabajar como ferroviario en La Carolina, Jaén, como guardabarreras. A los años, se trasladó a la capital jiennense, donde falleció en 1987. Tuvo dos hijos.

• Valentina Sánchez Ramírez: A los 24 años, se trasladó a Cercedilla, Madrid, para ejercer como empleada del hogar hasta la fecha de su matrimonio en 1961. Tuvo cinco hijos y murió en 1990. Fue la única de los hermanos que nunca pisó el colegio por culpa de la guerra y falleció sin saber leer ni escribir.

• El reclutador: Clave en el alistamiento de muchos voluntarios a las milicias republicanas. Se sabía que perteneció a la Unión General de Trabajadores, pero nunca se conoció su nombre de pila. Algunas fuentes, no confirmadas, lo ubican en "La Nueve", la columna republicana comandada por el general Leclerc, la primera en entrar en París y acabar con los focos de la ocupación nazi. Se rumorea que falleció en los últimos combates de la columna española antes de entrar victoriosa en la capital de Francia.

• Jaime López de Mesalles: Instructor de nuevos milicianos en el campamento de reclutas de Puertollano. Anarquista asturiano, nacido en Mieres, murió en la defensa de Barcelona. De profesión minero, la República lo utilizó como artificiero y experto en explosivos.

• Ezequiel: Nació en La Carolina, Jaén. Fue compañero de Juan José desde que se conocieron en Santa Cruz de Mudela, camino de Puertollano. Compartieron los primeros meses de guerra, en los que forjaron una gran amistad. Estuvo con él hasta febrero de 1937, cuando fue destinado a las Brigadas Internacionales que defendían Madrid en el frente de la Ciudad Universitaria. Murió en abril de ese mismo año. Hacía de mensajero entre los ejércitos republicanos, pero en una de sus acciones se equivocó, por la falta de luz, y acabó refugiado en una trinchera repleta de marroquíes, que lo ejecutaron nada más detenerlo. Juan José nunca conoció su paradero final.

• Modesto: Con el cargo de general, fue el jefe más inmediato de Juan José durante su estancia en Madrid. Bajo sus órdenes, se ocupó de la mensajería entre los batallones republicanos presentes en el intento de frenar a los sublevados en el frente del río Jarama. Nacido en el Puerto de Santa María, Cádiz, en 1906, falleció en Praga en 1969.

• "Tapón": Sindicalista nacido en Calzada de Calatrava, compartió con Juan José el presidio de Valdepeñas durante sus últimos meses de vida. Fue condenado por pertenecer a la organización sindical vinculada al PSOE y salió libre en las navidades de 1941.

• El denunciante: Julio Ledesma es hermano de Benito, fallecido en noviembre de 1936. Fue la persona que denunció, tras la guerra civil, a Juan José y a otras personas por el asesinato de Benito. No fue testigo de nada, pero su relato fue suficiente para que los sentenciaran a muerte. Tomó el relevo de su hermano como uno de los miembros destacados de la Falange en Santa Cruz de Mudela y fue quien ordenó que rapasen al cero a Valentina, la hermana pequeña de Juan José.

• Dorotea: Anciana a la que Juan José ayudó a transportar la oveja que los milicianos atropellaron en la calle Castillo. Fue la única persona testigo de lo que sucedió y falleció en 1938. El denunciante, durante el juicio, entregó una carta con su firma en la que reconocía la participación de Juan José en el asesinato del falangista. Todos sabían que era falsa. El juez la dio por válida a pesar de que llevaba un año muerta.

# BIBLIOGRAFÍA


• Notas del autor: Extraídas de familiares cercanos a la víctima.

• Guerra Civil Española: Extractos de los documentales emitidos por Discovery. (2011—2014)

• Biografía de los generales republicanos: Extractos de información de diferentes páginas en las que se hace un relato de las batallas más importantes de la Guerra Civil.

• Centro de la memoria histórica: Centro de documentación de Salamanca.

• Buscar Combatientes.org.

• Guerra Civil Española: Extractos de los documentales emitidos por RTVE. (2011—2014)